數位時代的公關新主張

讓群眾口耳相傳
媒體主動報導的 PR 教戰手冊

伊澤佑美、根本陽平——著

王美娟——譯

前言

請問，「PR」是你的工作嗎？你對「PR」有興趣嗎？

既然拿起了這本書，答案肯定是「Yes」吧？太好了，這本書一定能對你有所幫助。

無論是目前正從事「PR」工作的人，還是今後想推動「PR」的人，抑或是對「PR」有興趣，卻不曉得該做什麼、怎麼做才好的人，都很適合閱讀這本書。

不過，請先等一下。
聽到「PR」這個詞的當下，浮現在你腦海中的是什麼呢？

我們是PR專家，多年來支援了各式各樣的企業與團體，但「PR」這個詞始終令我們頭痛不已。

「PR」為「Public Relations」的縮寫，可是聽到這個詞時，大家想到的東西卻不盡相同，也時常因此引發糾紛。說來丟臉，這即證明我們不善於「PR」的PR吧？也就是所謂的「裁縫師傅穿破衣」，為他人忙碌卻無暇自顧。

就在心想「不能再這樣下去」時，很幸運地獲得「寫書」的機會。接到邀約的時候，我們認為這或許是可消解多年鬱悶的好機會。因此撰寫本書的期間，我們不斷地試誤與摸索……難道就不能提出嶄新且正確的PR型態，弭平PR人心中理想的PR與現場的PR之間的「落差」，為兩者搭起橋梁嗎？有沒有什麼方法能盡量正確地表達「PR」的意思，而且能夠依照目的區分使用呢？PR的訣竅與知識個人色彩濃厚，往往仰賴「經驗」與「直覺」，該怎麼解決這個問題才好？

最後，我們想到將PR分成「思維」與「手法」2個部分。我們發現，只要分成這2個部分，就能夠非常簡單又有系統地去探討它。

本書尤其重視「PR思維」。這是因為，只要具備「PR思維」，要運用「PR手法」也就易如反掌了。

這麼說有點老王賣瓜，不過實際執筆後，我們不禁認為，這應該是第一本將PR的理想與現場連結起來的書吧。

不光是所謂的公關人員，對經營者、商品負責人、研究開發人員、行銷人員、宣傳人員、在大企業任職的人、在新創企業任職的人、要在今後的時代生存的所有商務人士而言，「PR思維」都是絕對不可缺少的技能。

因此，請你一定要讀讀看這本書。

我們向你保證！「PR思維」能夠豐富你的事業。至於這本書，應該能讓你對PR有一點頭緒與了解。

電通公關股份有限公司
伊澤佑美＆根本陽平

CONTENTS | 目次

INTRODUCTION

———

運用「PR 思維」
改善今後的工作！

No.
01
聽到「PR」時，
你會想到什麼？

　　請問，你對「PR」有什麼印象呢？聽到「PR」這個名詞時，你會想到什麼？

　　「PR」這個詞隨處可見，例如履歷表上就常有「自我PR」的欄位，公家機構的大廳則有「在地特產商品PR專區」，打開電視也看得到「當紅演員演出的電影PR時間」之類的節目單元。

　　或許也有人認為，PR就是「登上報紙版面或電視新聞」的意思。

　　除此之外，假如你曾讀過有關PR的教科書，應該還記得PR是「Public Relations」的縮寫，意指「企業或團體，跟公眾（Public）建立（良好的）關係（Relations）」。

　　雖然「PR」這個詞很常聽到、看到，但它的用法與意思卻相當籠統不一。事實上，就連在筆者這類以PR為業的專家之間，對於這個問題同樣還沒有任何共識。

　　這樣一來會發生什麼事呢？由於PR沒有統一的定義，**導致溝通問題隨處發生**，例如「雙方對PR成果的認知有所出入，事後才發現跟自己想的不一樣」、「找人諮詢PR問題，對方卻只提出有關公共報導的策略」、「對方表示需要PR服務，但自己付出許多努力，對方卻不滿意」等等（**圖1**）。老實説，這是很大的機會損失。

圖1 社會上充斥著「PR」這個詞！

履歴表上的「自我PR」欄位
設置在公家機構大廳的「在地特產商品PR專區」
可在電視節目上看到的「當紅演員演出的電影PR時間」

▶ 主要當作「宣傳」的意思來使用

登上報紙版面或電視新聞
（通稱：公共報導）

▶ 用於PR的手法之一

Public Relations的縮寫
企業或團體，跟公眾（Public）建立（良好的）關係（Relations）

▶ PR教科書或專業書籍上的一般定義

雙方對PR成果的認知有所出入

找人諮詢PR問題，對方卻只提出有關公共報導的策略

對方表示需要PR服務，但自己付出許多努力，對方卻不滿意

「PR」的定義因人而異。
說出「想做PR」的當下，
雙方的認知可能會有所出入……！

No. 02

將「PR」分成「思維」與「手法」來探討！

● 如何「簡單」地探討PR？

　　你目前處於何種立場、負責什麼工作，有著什麼樣的課題或煩惱呢？除此之外，你對PR有什麼期待？

「自己負責研發與發表新商品或新服務。」
「雖然更新了產品，卻跟之前的版本沒什麼不同。」
「受制於法律規定，可以說的事很有限。」
「自家公司的產品難以跟其他公司做出區隔。」
「長銷商品的業績逐漸下滑。」
「想要成立新事業，但不知道會不會成功。」
「公司形象差，招不到好人才。」

　　……如果你有這類課題或煩惱，現在正是進行「PR」的好機會。從以前到現在，顛覆傳統常識、大受歡迎的商品或服務總會定期誕生在世上，例如「便便漢字練習本」、「10分鐘Don兵衛」、「電子菸」……等等。這類大受歡迎的商品與服務，全都大力運用了「PR」。

　　「既然如此，這本書所說的PR是指什麼？」有這種疑問的人，你問得很好。本書所說的PR究竟是什麼呢？

　　我們在這本書裡，將PR分成「思維」與「手法」2個部分來探討（圖2）。只要將PR分成「思維」與「手法」，並學會兩者的做法，就能確實提升竄紅的機率。

我們並沒有「給PR建立新定義」這種狂妄的念頭。只不過,多年來以PR專家身分支援各種企業、組織與團體的過程中,我們發現**只要把PR分成「思維」與「手法」來探討,就可以一口氣解決PR定義不一致所造成的「溝通問題」**。其實只要把PR分成「思維」與「手法」2個部分,思考起來就會非常簡單容易。我們想透過這本書,跟大家分享這種思考方式。

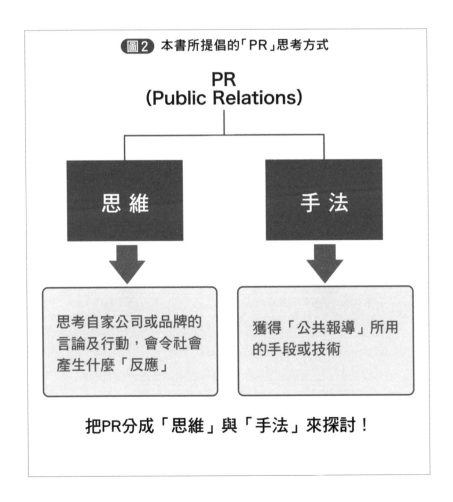

圖2 本書所提倡的「PR」思考方式

PR
(Public Relations)

思維

手法

思考自家公司或品牌的言論及行動,會令社會產生什麼「反應」

獲得「公共報導」所用的手段或技術

把PR分成「思維」與「手法」來探討!

No.

03 什麼是PR「手法」？

　　坊間有許多關於「PR」的書籍，不過大部分的書可以說都是寫給企業的「公關人員」看的，內容應該也大多是教人如何應對報導機構之類的媒體（例如跟媒體相關人士打交道的方式、新聞稿的寫法、籌辦記者發表會的訣竅等等）。

　　之所以會如此會如此的原因在於，直到不久之前，大家還以為「公共報導（Publicity）」才是PR的主要內容，公關人員應該熟諳這方面的「手法」。

　　當然，公共報導的確是PR常用的基本策略，這點毋庸置疑。因此，本書將「PR手法」定義為「**獲得『公共報導』所用的手段或技術**」（不過，在現今的數位時代，PR手法所指的意義範圍也擴大了。這個部分將在第7章詳細說明）。

　　再強調一次，獲得公共報導是支撐PR活動的基礎，磨練這方面的技能與技巧是很重要的。

　　不過，請你試想一下。就算廚師的廚藝再厲害，要是「料理的材料」不夠好，做出來的料理也會不夠美味吧？反之，只要準備了優質的材料，製作同一道料理時便能充分發揮廚師的廚藝（圖3）。

　　在製作料理之前，「準備好的材料」也是廚師的工作之一。另外，如果沒有好材料，就**必須從零開始製作、栽培材料**。而在這段「製作、栽培材料」的過程中，不可缺少PR的另一個面向：「PR思維」。

圖3 PR手法

PR手法
＝
獲得「公共報導」所用的手段或技術

※公共報導＝企業或團體，將經營策略、商品或服務之類的資訊提供給媒體，當成新聞刊登或播報

News
（新聞）

新款啤酒發售
●○股份有限公司，
將在●月●日開賣
使用了※※的
新款啤酒

尾韻清爽
口感濃郁

AD
（廣告）

公共報導
（報導版面）

・記者基於客觀性刊登或播報
・由媒體判斷是否要報導

刊登廣告
（廣告版面）

・廣告主依據主觀呈現使用版面
・一定會按照廣告主指定的日期、版面大小刊登

熟諳PR手法（獲得「公共報導」
所用的手段或技術）固然重要，
想發揮PR手法不可缺少「PR思維」！

No.

04 什麼是PR「思維」？

上一節提到，熟諳「PR手法」固然重要，但要是缺乏「PR思維」，就很難準備好的材料，或是從零開始製作、栽培材料，以致無法充分發揮精湛的手藝。

接下來才是正題。本書所說的「PR思維」到底是什麼呢？

所謂的「PR思維」，就是企業或團體，亦即「**自家公司或品牌，思考自己的言論及行動會令社會產生什麼『反應』**」（此為本書的定義）。

根據日本總務省的統計，遭人們忽略的資訊高達「99.996%」，在現今這個資訊超飽和的社會，若想避免訊息遭到忽視，同樣得重視PR思維才行。這是因為，「**思考對方會產生何種反應**」就等於「**思考如何不被對方忽略**」。「社會的反應」可分為「正面的反應」與「負面的反應」，「PR思維」應朝向的目標，當然是「盡量不要引起負面的反應，讓社會上大多數的人產生正面的反應」。

這裡所說的「反應」，以群眾（指生活在社會上，具備各種價值觀與生活型態的人們，是一個比「消費者」更廣泛的概念）來說，是指「想要買」、「想要去」、「想要調查」、「想推薦給別人（現實生活中的口耳相傳、社群媒體上的分享）」等「反應（Reaction）」；若以媒體為例，簡單來說就是指「想要報導」（圖4）。

該怎麼做，才能讓社會上大多數的人產生「正面」的反應呢？思考這個問題時，只要以「**大眾媒體及社群媒體的反應**」為指標，應該就比較容易想出答案吧。

圖4 PR 思維

PR思維
‖
思考「自家公司或品牌」的言論及行動，
會令「社會」產生什麼「反應」

↓

目標是盡量不要引起負面的反應，
讓社會上大多數的人產生正面的反應！

(例)
群眾的反應
・想要買、想要去、想要調查
・想推薦給別人（現實生活中的口耳相傳、社群媒體上的分享）
媒體的反應
想要報導

↓

以「大眾媒體和社群媒體的反應」為指標，
比較容易想出答案！

對於這項商品、服務、企業活動，社會是如何看待的？是如何評論的？
是怎麼變成新聞的？
從這幾點反推回去，思考該怎麼做才會變成引起社會正面反應的「題材
來源」，設計每一個細節！

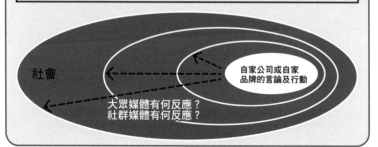

社會

自家公司或自家
品牌的言論及行動

大眾媒體有何反應？
社群媒體有何反應？

每一位商務人士都必須具備「PR思維」！

只要學會「PR思維」，從明天開始……不對，從今天開始，你的工作狀況就會有所改變。

用「PR思維」去思考，你就能解決關於商品或服務目標客層的課題或煩惱。除此之外，每天想到的各種點子，也擁有把自己以外的周遭人（第三者）「捲進來」的力量，或是「形成共識」的力量。如此一來，你的點子就會比較容易實現，也比較容易進化為更好的點子。

換句話說，不只公關人員需要，「PR思維」是每一位商務人士都必須具備的「思考方式」。

PR思維也有助於「執行PR手法」！

……看完前面的說明後，還是覺得「這應該是只對公關人員的工作有幫助的書吧？」，而打算把這本書放回書架的你，且慢！

只要具備「PR思維」，**不管是要規劃、還是執行上一節所介紹的「PR手法」（獲得「公共報導」所用的手段或技術），一定也都能進行得很順利**。這本書能夠幫助對PR感興趣的每一個人。

無論你是不是公關人員，都請你一定要繼續看下去。全部看完之後，相信你會覺得「幸好有看這本書！」。

CHAPTER

1

何謂PR？
～先來了解PR歷史社會學～

No.

01　了解PR的「本質」！

　　緒論提到，PR應分成「思維」與「手法」這2個部分來探討（參考P.12）。從PR誕生到現在，「PR的作用與範圍」一直不斷地改變，這就是PR難以定義的原因。將它分成「思維」與「手法」來討論的話，便能夠減少誤解。

　　不過，**要了解PR的「本質」，依舊需要先掌握明確的定義**。圖1介紹的是2012年美國PR協會（PRSA：Public Relations Society of America）正式發表的「現代的PR定義」，以及美國最常用的PR教科書《Effective Public Relations》所寫的定義，敬請各位參考（此外還補充了電通公關對於「公眾」之概念的見解）。

　　那麼，PR是在什麼樣的歷史背景之下，建立出這樣的定義呢？

　　任教於東京大學研究所的河炅珍老師（Ha Kyung Jin），其著作《公共關係的歷史社會學─美國與日本的＜企業自我＞之建構》（暫譯，岩波書店），是一本適合我們了解PR歷史背景的書籍。跟廣告、行銷、新聞報導理論相比，現階段有關PR體系的研究仍然不多，這本書從歷史與理論的角度，整理了PR的誕生與發展的軌跡。

　　因此，本章就根據河老師的著作內容，以及筆者的PR實務經驗，濃縮出幾個「現在最好要先知道」的重點來為各位介紹。

圖1 「PR」的定義

美國PR協會的PR定義

"Public relations is a strategic communication process that builds mutually beneficial relationships between organizations and their publics."

〈中譯〉
公共關係是一種策略性的溝通程序,可在組織與公眾之間建立互惠的關係。

《Effective Public Relations》對PR的定義

"Public relations is the management function that establishes and maintains mutually beneficial relationships between an organization and the publics on whom its success or failure depends."

〈中譯〉
公共關係是一種管理職能,在組織與左右其存續的公眾之間建立並維持互惠的關係。

所謂的公眾是……

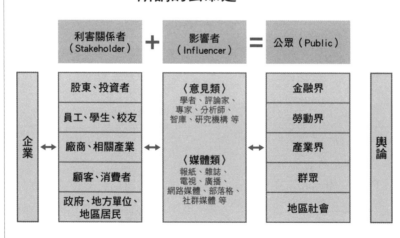

「利害關係者與影響者架構圖」

(電通公關 黑田明彥製作)

No.

02

〔美國的PR歷史社會學①〕

近代的PR始於美國鐵路公司！

● PR始於美國

19世紀末至20世紀初，PR在美國誕生，第二次世界大戰後便普及全世界。

最早運用近代PR的，其實是社會基礎建設之一「鐵路公司」。鐵路公司串聯都市與都市、都市與郊外，為美國人的生活與價值觀帶來戲劇性的變化。隨著此一巨大事業的推進，把各領域的勞動者、從業員當成「同一個組織的成員」進行管理，協調整個組織的必要性便逐漸浮上檯面。換句話說，就是有必要凝聚社會共識。此時發揮作用的，正是「PR的力量」。

● 鐵路公司所實施的巧妙PR

鐵路公司為了「整個組織的和諧」，以勞動者、從業員為對象發行PR雜誌。另外，拓展事業需要經濟支援，也必須解決政治與法律問題，因此鐵路公司也向議會與政府機關展開遊說活動。不僅如此，他們還向沿線居民及其他民眾展開宣傳活動，強調「鐵路事業對公眾利益有所貢獻」。

除此之外，為了博得正面的輿論，鐵路公司也試圖拉攏擁有社會影響力的政治家、神職人員、大學相關人士、記者等等。不但發給他們可免費使用鐵路的通行證，還支援他們的遊說、布教、傳道、研究、教育、採訪等活動。

上述這些活動成功奏效，跟鐵路公司經營者交好的政治家與作家等人物，每次都會透過演說或稿件宣揚「鐵路事業的重要性」，以

「朋友」的立場支援鐵路公司的經營，而不是當成一門生意看待。就像這樣，企業為求經營順遂，而以「PR」為活動的核心，廣泛展開各種措施，這可以說就是「**近代PR的起點**」吧（圖2）。

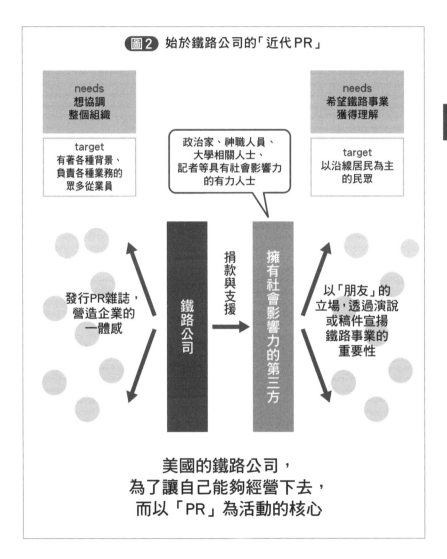

圖2 始於鐵路公司的「近代PR」

needs
想協調
整個組織

needs
希望鐵路事業
獲得理解

target
有著各種背景、
負責各種業務的
眾多從業員

政治家、神職人員、
大學相關人士、
記者等具有社會影響力
的有力人士

target
以沿線居民為主
的民眾

發行PR雜誌，
營造企業的
一體感

鐵路公司

捐款與支援

擁有社會影響力的第三方

以「朋友」的
立場，透過演說
或稿件宣揚
鐵路事業的
重要性

美國的鐵路公司，
為了讓自己能夠經營下去，
而以「PR」為活動的核心

No. 03

〔美國的PR歷史社會學②〕

邁入PR＝
公共報導的時代！

● 媒體的發達與公共報導的確立

19世紀末至20世紀初，美國社會成了一個以報章雜誌為主要傳播媒介的資訊社會。報紙更因印刷技術發達而變得廉價，促使各家報社互相競爭，想盡辦法增加銷售量。

於是，報社開始將焦點放在能引起許多人興趣的「聳動事件報導」上。在媒體如此的發展之下，「理想的企業溝通」也起了很大的變化。

率先注意到媒體崛起的是「社會改革家」。他們認為，若要解決工業化帶來的各種社會問題，就得用淺顯易懂的方式向民眾說明這些問題，並散播正確的資訊，而把這些問題變成「新聞」登上媒體版面是最快的辦法。

在這股潮流的影響下，「企業」為對抗充滿攻擊性的報導與批判輿論，便反過來運用敵人所採取的手法。他們回應民眾「想知道」的強烈欲望，允許記者自由採訪，並主動提供報導者想要的資訊，以「新聞」的形式傳播企業的意見。換言之，就是試圖藉由「新聞化」的方式，讓單一企業的事變成「整個社會」的事。就這樣，「公共報導」成了企業的溝通手段，對負責這種事的人而言，則是一門「生意」。

支撐企業公共報導活動的，是身為新聞工作者的人物，其中具代表性的例子，就是擔任報社記者的「艾維・李（Ivy Lee）」，據說他就是「PR的創始者」。

1904年，艾維・李跟喬治・帕克（George Parker，同樣是報社

記者）一起創立了「帕克與李公司（Parker and Lee）」，把「公共報導」當成一項創新的PR技術，該公司也被視為美國第一家PR公司。另外，據說艾維‧李認為「了解人心是企業經營所不可或缺的一環」，所以他還跑去學習心理學，並在跟各家公司推銷服務時表示「**公共報導是可抓住人心的有效辦法**」。

於是，「公共報導」正式成為一門專業的生意，並逐漸變成用來指「**PR行為本身**」的詞彙（圖3）。

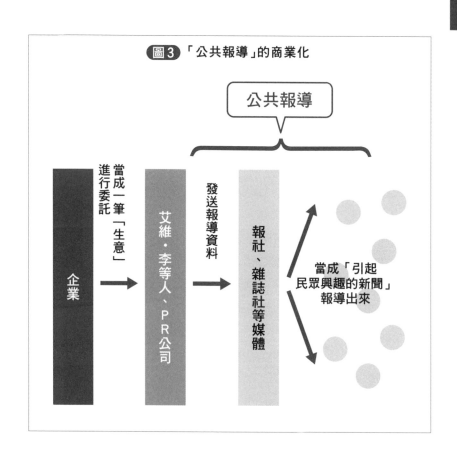

圖3 「公共報導」的商業化

公共報導

企業
→（當成一筆「生意」進行委託）→
艾維‧李等人、PR公司
→（發送報導資料）→
報社、雜誌社等媒體
→（當成「引起民眾興趣的新聞」報導出來）

No. 04

〔美國的PR歷史社會學③〕
進化為公共關係

　　由於艾維・李等人的推廣，PR行為與「公共報導」被畫上等號，不過第一次世界大戰後，自1920年代起，就改用「**公共關係**」這個詞來代表PR行為。原因在於，日後被稱為「公關之父」的愛德華・伯內斯（Edward Bernays）等人，開始展開超越「公共報導」的範疇、範圍廣泛的活動。

　　「公共報導」是由企業主動發送報導資料，而伯內斯則是舉辦話題性高的活動，吸引媒體主動前來採訪，或是給各領域的名人、專家分配角色，把他們拉進PR活動裡。

● 年輕女性邊走邊抽菸？

　　美國菸草公司的「Lucky Strike」PR活動，是伯內斯經手過的著名案例之一。他不進攻業已成熟的男性吸菸者市場，而是以「女性吸菸者」為目標對象。當時，社會禁止女性在公共場所抽菸，伯內斯將抽菸自由與女權伸張結合在一塊，舉辦各種宣傳活動（例如請一群年輕女性在曼哈頓第五大道上邊走邊抽菸），結果掀起熱烈的討論。

　　伯內斯並非使用各種技倆來改變民眾的想法，促使他們「消費」個別商品（Lucky Strike），而是定義／重新定義「社會與民眾對抽菸行為的認知」，最後促使民眾願意消費。

　　就這樣，PR行為超越了「公共報導」的範疇，改用「公共關係」這個詞來表示，意指創造新的思維，以及「創造可接受新思維的人與社會之技術」。

　　在伯內斯這類成功案例的推波助瀾之下，公共關係成為備受矚目的「有效企業溝通技巧」。另外，隨著消費社會的發展，它也被視為

一種「**行銷技術**」。

　　後來，PR行為在第二次世界大戰期間與政治宣傳統合，大量消費時代來臨後則附屬於「廣告」。隨著社會與企業的關係，以及媒體型態的變化，PR行為也不斷變換重心，存續到現在。

　　此外，如**圖4**所示，時代不停地轉變，溝通的主要方式從新聞報導轉移到廣告，再從廣告轉移到公共關係。

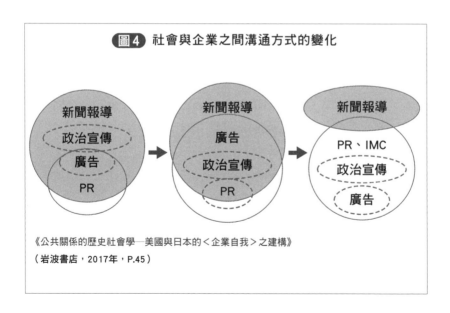

圖4 社會與企業之間溝通方式的變化

新聞報導
政治宣傳
廣告
PR

新聞報導
廣告
政治宣傳
PR

新聞報導
PR、IMC
政治宣傳
廣告

《公共關係的歷史社會學—美國與日本的＜企業自我＞之建構》
（岩波書店，2017年，P.45）

No.

05 PR即是「LOVE ME」！

　　前面説明了PR的誕生與發展，相信各位已經明白，PR的作用與範圍在這段歷史中經歷過各種變化。因此，大眾對於「PR」的認知至今仍因人而異，也是可以理解的事。PR與廣告、政治宣傳更是常被混為一談，但是，以企業（溝通主體：我）與圍繞著企業的人（他者：你）之間的關係來説，這三者有著明確的差異。因此，本節就引用P.20所介紹的《公共關係的歷史社會學—美國與日本的＜企業自我＞之建構》的解説，以淺顯易懂的方式透過「訊息的結構」來説明這三者的差別。

○ 廣告即是「BUY ME」

　　以下是將廣告表現最簡化之後的訊息範例：

請買下我（商品或服務）。買下我，你會更有魅力（前述書籍P.58）

　　如同這個範例，廣告所傳達的訊息基本上採「BUY ME」之結構，「我」與「你」的關係，僅透過購買或消費商品、服務的行為成立。換言之，這是「有條件的關係」。

○ 政治宣傳即是「OBEY ME」

　　以下則是政治宣傳所傳達的訊息：

我（國家或領導者）無論在何種情況下都是正確的 你要相信我說的話，並且服從我。如果敢違逆我，我會徹底擊潰你（前述書籍P.60）

　　「我」和「你」的關係並不平等，甚至算是一種脅迫關係。

○ PR即是「LOVE ME」

　　相對於前述兩者，PR的「我」與「你」的關係是平等而無條件的。

打從無人對○○○活動感興趣的時代，我（本公司）就確信其重要性，多年來努力從事這項活動。我希望今後，也能以你的家人、你身邊的朋友或地區社會的一員之立場，繼續進行這項嘗試（前述書籍P.61）

　　如同這個範例，PR所傳達的訊息將關係的決定權交給了「你」。「我（企業）」唯一想做的事，就是表達「我」很親近愛護「你（員工、地區居民、顧客、股東等等）」，**想讓「你」知道「我」和「你」是朋友**，僅只如此而已。這段關係的證明，不在於對方的「行動」，而是在於對方的「**情感**」或「**態度**」。

　　如何？從這個角度來看，應該就能理解PR與廣告、政治宣傳的差別了吧（圖5）？

圖5　PR、廣告、政治宣傳在「關係」上的差異

	我（主體）	你（他者）	訊息的結構	「我」對「你」的強制力之強弱
政治宣傳	國家	國民	OBEY ME	
廣告	企業	消費者	BUY ME	
PR	企業	包含消費者在內的周遭人	LOVE ME	

《公共關係的歷史社會學──美國與日本的＜企業自我＞之建構》
（岩波書店，2017年，P.350）

No. 06 建立關係的重點在於「一起揮汗」！

綜合前面的內容，我們可以了解到，PR本來是指加深「我」與「你」這位朋友的關係。我們將之置換成實際的人際關係看看吧！

◉ 能跟朋友變得更要好的關鍵是？

若想加深朋友之間的情誼，你認為需要經歷什麼樣的過程呢？筆者認為是「一起揮汗」。

舉例來說，一起參加、一起通過考試或社團活動的練習，應該能使朋友之間的情誼變得更加深厚吧？另外，跟朋友一起花時間去看喜歡的音樂家演奏會，應該也能加深彼此的感情。

如同「同吃一鍋飯」這句俗語的意思，一起度過每一天，一同感受、經歷痛苦的事與快樂的事，就能夠深化彼此的情誼。

換言之，一起克服「問題」、提高對彼此的「興趣」，這樣的「一起揮汗」過程是很重要的。換作是企業也是同樣的道理（圖6）。

企業只能透過「興趣」或「問題」，跟社會上各種社群及族群建立「關係」。關於這個部分，筆者將在第2章詳細說明。

若想加深彼此的情誼，建立更良好的關係，重點就是要跟社會「一起揮汗」，一同擁有「相同的感受」。這是PR的特色，亦是透過PR建立關係的前提。

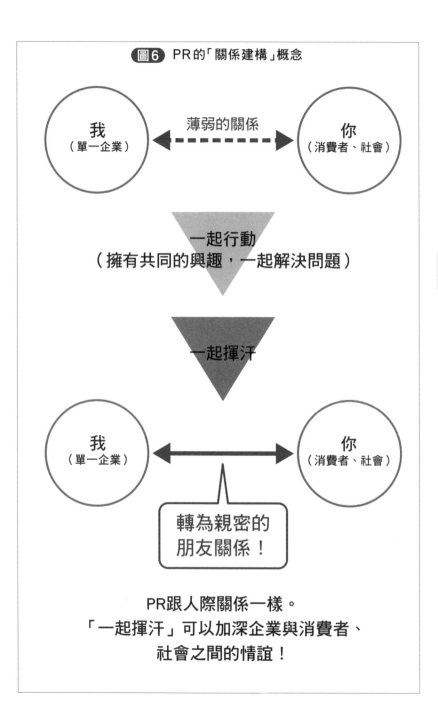

圖6 PR的「關係建構」概念

我
（單一企業）

薄弱的關係

你
（消費者、社會）

一起行動
（擁有共同的興趣，一起解決問題）

一起揮汗

我
（單一企業）

你
（消費者、社會）

轉為親密的
朋友關係！

PR跟人際關係一樣。
「一起揮汗」可以加深企業與消費者、
社會之間的情誼！

COLUMN　行銷與PR很接近!?

　　從前，行銷重視的是「如何賣掉做好的東西？」、「如何製作有需求的東西？」。不過，被譽為「現代行銷權威」的菲利浦・科特勒（Philip Kotler）於2010年提倡「行銷3.0」，認為行銷的目的應該是「讓世界變得更美好」。此外，科特勒也提到，並非只有眼前的消費者才算顧客，「擁有思想、心靈與精神的完整人類」皆是顧客，企業必須接觸所有的「完整人類」才行。若想接觸他們，重點在於去思考「事業本身跟社會有何關聯？」。行銷隨著社會的成熟而進化，與此同時，「行銷」也跟以社會（他者）為前提建構企業存在價值的「PR」變得相近，這或許可以説是必然的結果。

行銷1.0、2.0與3.0的比較

	行銷1.0	行銷2.0	行銷3.0
	產品導向	消費者導向	價值導向
目標	銷售產品	滿足顧客	**讓世界變得更美好**
企業對市場的看法	有物質需求的購買群眾	擁有思想與情感的聰明消費者	擁有思想、心靈與精神的完整人類
主要行銷概念	開發產品	差異化	價值創造
企業行銷方針	產品說明	企業與產品定位	企業使命、願景與價值
價值主張	功能面	功能面加情感面	功能面、情感面與精神面

《行銷3.0：與消費者心靈共鳴》
（天下雜誌，2011年，P.23）

CHAPTER

2

—

PR思維所需的方法①
交食模式

No.

01 | 掌握對方「如何看待我」！

● 做的事分明一樣，為何反應卻不相同？

　　什麼是「PR思維」？還有，該怎麼做才能建立第一章所說明的「LOVE ME」關係？筆者就為大家詳細解説一下吧！

　　所謂的PR思維，就是「思考企業或團體，亦即我（自家公司或品牌）的言論或行動，會令社會產生什麼『反應』。思考社會有什麼反應時，「我（自家公司或品牌）」必須事先掌握「社會如何看待自己？」。這是因為，對方的反應會因其對「我（自家公司或品牌）」的看法而有所差異。

　　舉例來説，假設某家企業的社群媒體官方帳號，平時就常發布與眾不同的內容，要是該企業在無線電視臺播放熱門電影時，於官方帳號上貼出電影的「經典臺詞」，一定能得到「好有趣！」、「真有你的！」之類的善意反應吧。反之，如果企業的官方帳號平常只會發布較為死板的內容，當這個帳號做了前述的事情時，該企業能否在社群媒體上獲得同樣的反應呢？

　　同樣的，當股價漲跌足以影響全日本市場的巨大企業，做好萬全準備地推出新商品時，以及前途莫測的新創企業推出新商品時，媒體對兩者的反應當然不一樣。

　　因此，用PR思維思考事情的時候，首先必須確切掌握「我（自家公司或品牌）」想溝通的對象是「如何看待我的？」（圖1）。

圖1 掌握「對方如何看待我？」

PR思維
=
思考「我（自家公司或品牌）」的言論或行動，
會令「社會」產生什麼「**反應**」

對方的反應，會因其「如何看待我？」而異。
因此確切掌握自己的形象很重要！

在對方眼中是個
「頑皮」的人
A

毫無預警突然
講了一個玩笑話

居然來這招！
A果然很風趣呢！

對方

在對方眼中是個
「正經」的人
B

毫無預警突然
講了一個玩笑話

呃，
你怎麼了？
為什麼突然開玩笑？

對方

No. 02 | 該找的是「興趣」或「問題」！

　　要掌握「我（自家公司或品牌）」想溝通的對象「如何看待我？」時，最好先整理一下「有關社會的事」。

　　仔細想想，「社會」上有著大大小小的社群以及各式各樣的族群，這些社群與族群都互有關聯。而「企業」也是其中的一員。企業又稱為「法人」，從社會的角度來看，亦可以算是一個「人」。

　　那麼，在社會上，企業跟社群、族群互有什麼關聯呢？筆者認為，企業與社會之間大致上只有2種關聯，那就是「興趣」與「問題」。企業只能透過「興趣」或「問題」，跟各種社群或族群建立「關係」（圖2）。因此，若想建立更良好、穩固的關係，辦法無他，只能提高共同的「興趣」，或是解決跟自己有關的社會「問題」。

◉ 找出「我」與「社會」的接觸點！

　　只要提高「興趣」，或是解決「問題」，社會就會對此表現出「好反應」。例如，「跟某個人分享這件事」，或是「媒體報導了這件事」。

　　反之，如果少了「興趣」，社會將會「毫無反應」；而「問題」若是擱置不理，當它浮上檯面時，就會出現「壞反應」。對企業而言，這是絕對要避免的情況。

　　總而言之，當企業「想要做PR」時，首先該做的並非學習獲得公共報導的技巧，也不是學習新聞稿的寫法，而是思考將「我（自家公司或品牌）」與「社會（社群或族群）」連結起來的「興趣」或「問題」是什麼，找出兩者的「接觸點」。總是把「我」和「社會（社群或族群）」放在一起思考，是運用PR思維創造點子的基本原則。

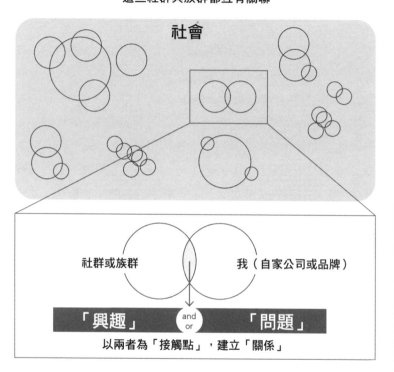

圖2 企業與社會的接觸點是「興趣」或「問題」

社會上有著大大小小的社群以及各式各樣的族群，
這些社群與族群都互有關聯

社會

社群或族群　　　　　我（自家公司或品牌）

「興趣」　　and/or　　「問題」

以兩者為「接觸點」，建立「關係」

No.

03

用另一種SWOT來思考！

　　若想找出「我（自家公司或品牌）」與社會（社群或族群）有什麼接觸點，首先必須釐清「我」的「優勢」與「劣勢」，以及「社會（社群或族群）」的「興趣」與「問題」。

　　或許已經有人發現了，這個構想源自於著名的「SWOT分析」，這是用來擬定企業或事業的策略、檢驗行銷策略的分析架構。SWOT為「Strength（優勢）」、「Weakness（劣勢）」、「Opportunity（機會）」、「Threat（威脅）」第一個字母的縮寫，本書將之變換成以下的意思（圖3）。知悉SWOT的人也請看一看下述的內容。

○S（自豪）

　　「S」是「優勢」→「自豪」，意思是對自己的才能有自信或引以自豪。當他人要求「請寫出自家公司或品牌的『優勢』」時，行銷思維往往會覺得「一定要舉出壓倒性的優勢或經營方面的優點才行」。

　　但是，PR思維卻認為不見得一定要舉出這樣的優勢。因為，我們的目的是找出社會與「我」的接觸點。既然社會的「興趣」或「問題」有大有小、五花八門，「我」的優點當然也有大大小小、五花八門。除了「我」的專長之外，也可以把範圍擴大到整個業界或更廣泛的範疇，只要有一點點值得自豪、自認是「優點」的部分就儘管寫出來，這點很重要。

○ W（自虐）

「W」是「劣勢」→「**自虐**」。説到「劣勢」，有時自戀心理會妨礙我們，使我們説不出口，對吧？

不過，請你想像一下。你能打從心底接納「完美無缺的人」嗎？有些時候，互相展現弱點，能讓人感到親近而變得要好。自己的弱點，也有可能是對方的弱點。一起克服、跨越這個劣勢，就有機會成為對方心中特別的存在。

因此，試著毫不保留地揭露「我」吧！你也可以抱著**對自己「吹毛求疵」**的心情來展現弱點。

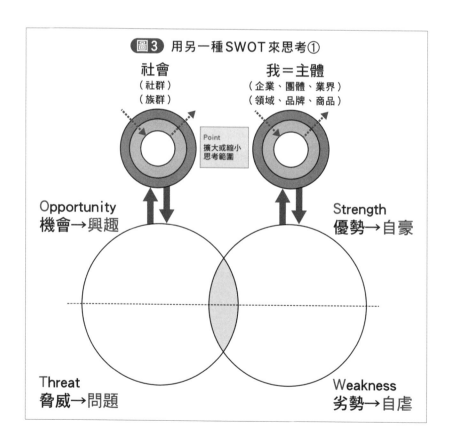

圖3 用另一種SWOT來思考①

社會
（社群）
（族群）

我＝主體
（企業、團體、業界）
（領域、品牌、商品）

Point
擴大或縮小
思考範圍

Opportunity
機會→興趣

Strength
優勢→自豪

Threat
脅威→問題

Weakness
劣勢→自虐

○ O(興趣)

「O」是「機會」→「**興趣**」，也就是「我」應該能夠提高社會的何種「興趣」。

這個「興趣」可以是能夠長久維持的類型，不過如日全食那般，在「今天、這個日子、這個時間」上漲到最高點的**一時性的類型也O K**。

○ T(問題)

「T」是「威脅」→「**問題**」，也就是「我」應該可以解決社會的何種「問題」。這個「問題」可以是足以稱為社會問題的大問題，也可以是瑣碎的小問題。請別拘泥於重大程度，儘管寫出來。

● 探索「興趣」與「問題」的訣竅

舉出「O」與「T」，也就是「興趣」與「問題」這兩者時，首先要注意的重點是，**無論是否跟「我」有關，都列出來看看**。

雖說最後要選出「我」應該能夠提高的「興趣」，以及「我」應該可以解決的「問題」，不過一開始探索時，不要認定「這種『興趣』跟我無關」、「這種『問題』對我來說太困難了」，這點很重要。原因在於，**「接觸點」往往是在意料之外的地方發現的**。

不過，太空泛的興趣或問題我們沒辦法處理，因此**盡量寫得具體一點**比較好。

以「減肥」為例，這個詞的範圍太大，我們應該把它拆解開來，比方說減肥當中的「低醣減肥」、「減肥體操」或「減肥餐」，重點就是盡量寫得具體一點。

另外，「興趣」與「問題」其實也存在一體兩面的部分。從某個角度來看，「興趣」也有可能是「問題」。反正之後只要選擇「容易發揮的」就好，這種時候就先把兩者都寫下來吧！

具體寫出「自豪」、「自虐」、「興趣」、「問題」後，接下來

就要想一想，哪個「興趣」或「問題」可能跟「我」有接觸點（圖4）。

那麼，下一節就來看看具體事例吧！

圖4 用另一種SWOT來思考②

	一般的解釋 →		本書改成這樣！
Strength	優勢 （自家公司的武器）	自豪	將範圍從單一商品擴大到整個類別，別過度拘泥於跟其他公司之間的差異，盡量舉出優點與值得自豪的事
Weakness	劣勢 （自家公司不擅長的事）	自虐	將範圍從單一商品擴大到整個領域，大膽舉出弱點與可惜的地方
Opportunity	機會 （能為自家公司帶來機會的外部因素）	興趣	不管規模是局部還是大範圍，不管時間是一瞬間還是中長期，不管是否跟「我」有關，都要以平等的角度舉出興趣
Threat	威脅 （威脅自家公司的外部因素）	問題	不管嚴重程度是高是低，不管是社會問題還是小問題，不管是否跟「我」有關，都要以平等的角度舉出問題

寫出「自豪」、「自虐」、
「興趣」、「問題」之後⋯⋯

想一想哪個「興趣」或「問題」
可能跟「我」有「接觸點」！

No. 04

運用連結「我」與社會的「交食模式」！～以水族館為例～

接下來我們用虛構的事例想一想，舉出「自豪」、「自虐」、「興趣」、「問題」之後，如何找出「我」與社會的「接觸點」。

假設有家水族館叫做「伊莎涅莫水族館」，館內有著還算受歡迎的生物，表演和活動的評價也不壞。不過，最近熱鬧的程度不如以往，需要採取挽救人氣的措施。

那麼，我們馬上來想想「自豪」、「自虐」、「興趣」、「問題」吧！圖5是伊莎涅莫水族館的「自豪」與「自虐」範例。舉出「自豪」時，不要只寫出「外界眼中的魅力」，還要寫出「內部眼中的優點」，例如「內部資訊流通順暢，職員的企劃容易通過」，這樣較能擴大思考範圍。舉出「自虐」時也是一樣。

另外，不要侷限於伊莎涅莫水族館（我），將範圍擴大到水族館，也就是「我」所屬的整個業界或整個領域也很有用。以本例來說，「一整天（不分晝夜）都要照料館內生物，但傍晚以後就沒有遊客參觀了」，應該是每家水族館都有的「自虐」。

● 這項「自豪」簡單易懂嗎？

有些負責人因為太過了解「我」，往往會把焦點放在非常細枝末節的專長或與競爭對手的差異上，例如「業界唯一使用以○△技術製成的特殊環保容器」等等。不過很遺憾，社會大眾並不會去注意這種瑣碎的細節。如果真的要寫，至少要連「帶來的效果」都一併寫出來，例如「使用以○△技術製成的特殊環保容器，女性也能單手捏扁」，這樣才是社會大眾容易理解的「自豪」。

如同上述，與其鉅細靡遺地寫出商品或服務的規格，不如從「用

社會大眾容易理解的方式表達」這個角度來寫。另外，整個業界的「自豪」與「自虐」，大多比較容易讓社會大眾理解。列舉「自豪」與「自虐」時，建議你不時想一想「我」的上一層領域、更上一層的領域是什麼。

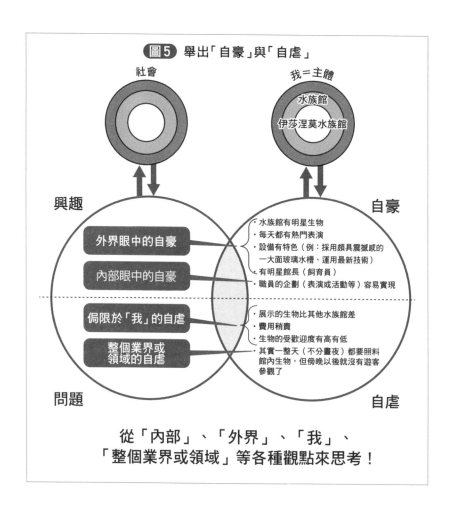

◉ 舉出「興趣」與「問題」的方法

接著寫出「社會」的「興趣」與「問題」。此時要先確定的是「**溝通對象要選擇哪一種社群或族群**」這個問題。建議把範圍縮小一點，寫得具體一點會比較好。

以本例來說，假設伊莎涅莫水族館平常「有很多親子客」，那麼對象就設定為「孩子的父母」。不過，這樣範圍還是很大，所以我們將孩子限定為「小學生」，並將時間限定為「暑假」。

只要像這樣用條件來縮小溝通對象的範圍，「興趣」與「問題」就比較容易浮現出來，推薦大家使用這種方法。

圖6是小學生的父母，在暑假期間可能會有的「興趣」與「問題」範例。列舉時的重點是，**無論「興趣」與「問題」是大是小，通通都要寫出來**。

◉ 如何找出自己與「問題」及「興趣」的「接觸點」？

接下來，該怎麼從眾多的「興趣」與「問題」當中，找出最終與自己有「接觸點」的項目呢？

建議你以「自豪」和「自虐」的各個項目，對照「興趣」與「問題」的各個項目，然後試著配對看看。請把可能有「接觸點」的項目連起來（複選也OK），例如「這個『興趣』似乎符合這個『自豪』」、「這個『問題』似乎符合這個『自虐』」。透過這項作業找到「接觸點」後，就像圖6的下半部那樣，想一想「我想成為加強○○興趣的存在」、「我想成為解決○○問題的存在」中的「○○」部分。

選出想要提高的「興趣」、想要解決的「問題」後，只要再加把勁就能產生點子。

當你要著手處理各個興趣與問題時，請自由地想一想「**該怎麼做才能達成？**」。然後，以「新奇性」、「可行性」之觀點進行驗證。

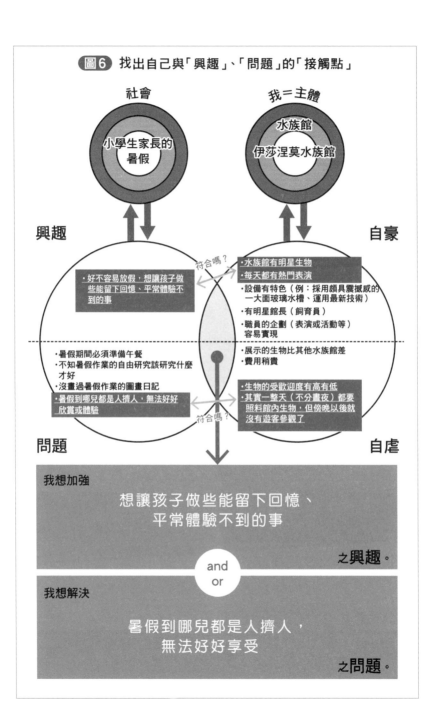

圖6 找出自己與「興趣」、「問題」的「接觸點」

社會

我＝主體

小學生家長的
暑假

水族館
伊莎涅莫水族館

興趣

自豪

符合嗎？

・好不容易放假，想讓孩子做些能留下回憶、平常體驗不到的事

・水族館有明星生物
・每天都有熱門表演
・設備有特色（例：採用頗具震撼感的一大面玻璃水槽、運用最新技術）
・有明星館長（飼育員）
・職員的企劃（表演或活動等）容易實現

・暑假期間必須準備午餐
・不知暑假作業的自由研究該研究什麼才好
・沒畫過暑假作業的圖畫日記
・暑假到哪兒都是人擠人，無法好好欣賞或體驗

・展示的生物比其他水族館差
・費用稍貴

・生物的受歡迎度有高有低
・其實一整天（不分晝夜）都要照料館內生物，但傍晚以後就沒有遊客參觀了

符合嗎？

問題

自虐

我想加強

想讓孩子做些能留下回憶、
平常體驗不到的事

之**興趣**。

and
or

我想解決

暑假到哪兒都是人擠人，
無法好好享受

之**問題**。

CHAPTER

2

　　以「想讓孩子做些能留下回憶、平常體驗不到的事」之興趣為例，假如思考「該怎麼做才能達成？」後，想到的是運用明星生物或熱門表演，這就跟「水族館平常做的事」沒什麼差別。換言之，雖然這個解決方法「可行性」應該很高，但「新奇性」卻略顯不足。

　　那麼，「暑假到哪兒都是人擠人，無法好好享受」之問題，又該怎麼處理呢？

　　這個問題應該有什麼辦法可以解決。

　　圖7舉出了3個點子。「①讓等待時間變得有趣」，是把等待變成樂趣的點子。像迪士尼樂園之類的地方，就很愛用這種做法。也就是說，很可惜，這個方法缺乏新奇性。「②刻意引導遊客到不擁擠的生物區」，似乎也沒什麼新奇性可言。

　　既然如此，「③創造絕對不擁擠的水族館」怎麼樣？尤其是「在不可能的時段營業」，這個點子如何？

　　接著從「不可能的時段」聯想到「早晨或深夜」，然後又聯想到「可以住一晚！」……這個點子好像很不錯呢！

　　到了這一步之後，要試著用文章表現你所想到的點子，這點很重要。請你想像向社會大眾公開這個點子時的情形，然後運用「發售」、「發表」、「誕生」、「完成」、「新」、「前所未見」等詞彙，把點子化為言語吧！最後，請你想一想「這個點子該怎麼稱呼比較好？」，幫點子取個簡短的暱稱。以本例來說，「可夜宿的水族館」這個名稱如何？

　　……或許已經有人發現了，其實這個事例，就是2000年代初期竄紅的「可夜宿的水族館」，如今，這已成為各地水族館的固定活動。只要從「自豪」、「自虐」、「興趣」、「問題」當中找出自己與社會的「接觸點」，就能夠想出PR的點子。相信各位在看完這個事例後，應該都大致了解了吧？

　　另外，這是筆者自行開發出來的方法，我們將之命名為「交食模式（Eclipse Model）」（由來請參考P.58）。運用PR思維發想點子

時，請務必嘗試看看這個方法（圖8）。

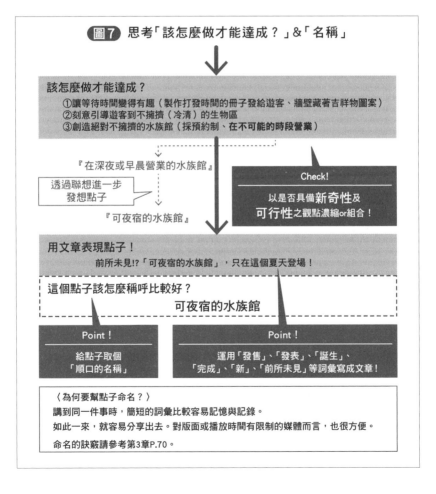

圖7　思考「該怎麼做才能達成？」&「名稱」

該怎麼做才能達成？
　　①讓等待時間變得有趣（製作打發時間的冊子發給遊客、牆壁藏著吉祥物圖案）
　　②刻意引導遊客到不擁擠（冷清）的生物區
　　③創造絕對不擁擠的水族館（採預約制、在不可能的時段營業）

『在深夜或早晨營業的水族館』

透過聯想進一步
發想點子

『可夜宿的水族館』

Check!
以是否具備新奇性及
可行性之觀點濃縮or組合！

用文章表現點子！
　　前所未見!?「可夜宿的水族館」，只在這個夏天登場！

這個點子該怎麼稱呼比較好？
可夜宿的水族館

Point！
給點子取個
「順口的名稱」

Point！
運用「發售」、「發表」、「誕生」、
「完成」、「新」、「前所未見」等詞彙寫成文章！

〈為何要幫點子命名？〉
講到同一件事時，簡短的詞彙比較容易記憶與記錄。
如此一來，就容易分享出去。對版面或播放時間有限制的媒體而言，也很方便。
命名的訣竅請參考第3章P.70。

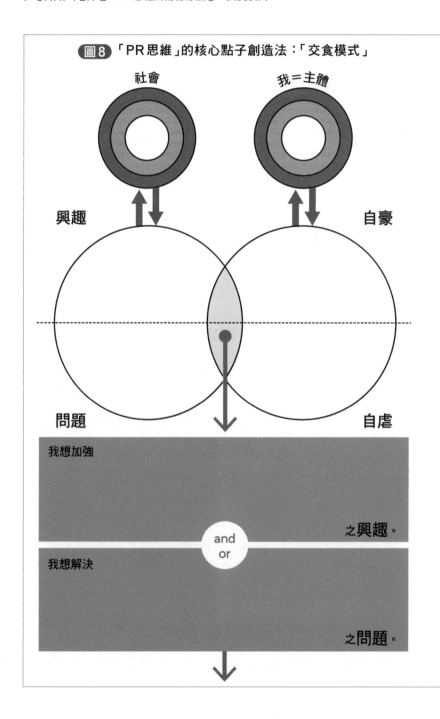

圖8 「PR思維」的核心點子創造法：「交食模式」

該怎麼做才能達成？

用文章表現點子！

這個點子該怎麼稱呼比較好？

〈交食模式的運用方法〉

①可以一個人思考，也可以跟團隊一起思考

②互相舉出自豪、自虐、興趣、問題時，不要否定彼此
的意見

③找出自己與興趣及問題的接觸點後，試著發想點子

④如果無法順利想出點子，就回到互相舉出自豪、自
虐、興趣、問題的步驟，再重新試一遍

⑤如果一開始是從自豪與自虐去發想，那就反過來，從
興趣與問題思考看看

從興趣與問題去發想的話，有時能產生之前沒想到的
創新點子

No. 05

運用「多方自我搜尋」
調查「別人眼中的我」！

本章的開頭提到，PR思維重要的第一步，就是確切掌握「我」想溝通的對象是「如何看待我的？」。

那麼，該怎麼調查「對我的看法」才好呢？在以前，一般都是透過使用者問卷、自家公司接到的洽詢、分析媒體報導等方式，來確認「對我的看法」。不過，如今是數位時代，我們還有另一種方法可以運用，那就是「**自我搜尋（Egosurfing）**」。所謂的自我搜尋，就是使用網路調查自己的事，查看自己的評價。相信大家應該都曾在網路上搜尋過自己的名字，這個方法也適用於企業法「人」。

此時的重點是，**要「多方」進行自我搜尋**（圖9）。意思就是，除了用「Google搜尋」之類的搜尋引擎調查之外，也要在Yahoo！知識＋、網路留言板、評論網站、各種網路社群（好比像是Twitter、Facebook、Instagram）上調查「他人如何看待我？」。

人會配合「接觸的社群」稍微改變自己的個性，在各個社群留下不同的印象；同樣的，**企業給各個社群的印象也極有可能不一樣**。「自認個性始終如一」的人，請你務必也要試試自我搜尋。畢竟各個社群的成員年齡層與文化不盡相同，相信你會發現他人對自己的「評價」比你自己所想的還要多樣且廣泛。

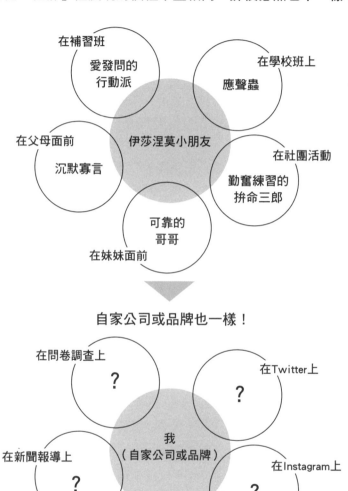

圖9 運用「多方自我搜尋」調查「評價」

人在「社群」裡展現的個性不盡相同，評價必然也不一樣！

在補習班
愛發問的
行動派

在學校班上
應聲蟲

在父母面前
沉默寡言

伊莎涅莫小朋友

在社團活動
勤奮練習的
拚命三郎

可靠的
哥哥

在妹妹面前

自家公司或品牌也一樣！

在問卷調查上
？

在Twitter上
？

我
（自家公司或品牌）

在新聞報導上
？

在Instagram上
？

在Google上
？

No.

06 ┊ 自我搜尋檢查表

　　筆者把「多方自我搜尋」之「結果」的解釋，整理成一張檢查表（圖10），敬請各位參考。

○ 第1級　無人談論

　　「無人談論」，即**等於「不存在」**於該網路社群。這樣就無法進行自我搜尋了，因此請先建立「我」的帳號，然後從各種角度發表文章，觀察他人有何反應。

○ 第2級　只有「我」的自己人談論

　　「只有『我』的自己人談論」就是自己人（員工或經營者）有「談論的熱情」，但只限於在內部熱烈討論的寂寞狀態。因此不妨想一想**「該如何讓內部話題向外發展？」**，努力發掘話題。

○ 第3級　「我」的粉絲在談論

　　如果是「『我』的粉絲在談論」，就要正確掌握粉絲（跟隨者）之間是「如何談論的？」。除了釐清評論是正面的還是負面的，也要知道粉絲是用何種修飾詞（例如有趣、先進、可愛、酷炫、可憐）來評論「我」的，這點很重要。另外，還要觀察這些評論，研究「該怎麼做才能更加抓住粉絲的心？」、**「該怎麼做才能擴大範圍，抓住『非粉絲者』的心？」**。

○第4級　雖然不是「我」的粉絲，但受到主題的吸引而談論

如果有「雖然不是『我』的粉絲，但受到主題的吸引而談論」的情況，就要掌握「粉絲（跟隨者）以外的人」之間是如何談論的。重要的是，要正確了解這些非粉絲者為什麼會談論「我」，以及他們是在哪個時間點、對何種話題產生反應。除此之外，也要思考**該怎麼做，才能引發足以吸引媒體注意之「具衝擊性的反應」**。

○第5級　媒體報導（談論）

如果已被「媒體報導」，就要掌握媒體是以何種論調提起「我」的。請確認一下媒體是單獨提起「我」，還是拿來跟數家公司一起談論。如果是後者，請分析**「這些公司有什麼共同的主題？」**，並想一想「其他媒體是否也有可能談論這個主題？」。

圖10 自我搜尋檢查表

第5級	媒體報導
第4級	雖然不是「我」的粉絲，但受到主題的吸引而談論
第3級	「我」的粉絲在談論
第2級	只有「我」的自己人談論
第1級	無人談論

No. 07 根據檢查結果找出「興趣」與「問題」的方法

進行完自我搜尋後，就根據檢查結果找出「興趣」與「問題」吧！以下為大家介紹找法與提示。

○ 檢查結果為「第３級」以上

如果連自己人以外的人也在談論「我」，那就從這些人當中找出「興趣」與「問題」吧！先挑出跟「我」有關的評論，**然後進行分類，看看內容是接近「興趣」還是「問題」**。圖11是其中一例。只要觀察推文，看看內容屬於「興趣」還是「問題」，即便是平凡無奇的推文也能有寶貴的發現喔！

○ 檢查結果為「第２級」以下

如果找不到跟「我」有關的評論，那就設定想溝通的對象，調查看看對方有什麼「興趣」或「問題」吧！另外，這個時候，假如設定的對象範圍太廣，找到的「興趣」與「問題」就會太多而難以鎖定。因此重點就是，**要設定得詳細一點**。以P.42的伊莎涅莫水族館的例子來說，起初對象設定為「孩子的父母」，但這樣範圍太廣了，所以再進一步將孩子限定為「小學生」，時間則限定為「暑假」。

反之，如果找不出「興趣」或「問題」，**則是因為範圍設定得太過狹隘，這時就需要擴大範圍**。

至於關鍵的「興趣」與「問題」調查方法，假如只是輸入「興趣」或「問題」這2個詞彙進行搜尋，這樣是不夠的。原因在於，**「興趣」與「問題」不見得會直接以這2個詞彙來表現**。建議你不妨用其他的同義詞來思考與搜尋，例如「興趣」可改用「樂趣」或「趨勢」來

調查，「問題」可改用「困擾」或「煩惱」來調查。

圖11 各級別的「興趣」與「問題」找法範例

檢查結果為「第3級以上」的「興趣」與「問題」找法範例

帳號名稱＠使用者名稱
伊莎涅莫水族館的水母，
我家小孩畫的。
＃圖畫日記　＃7歲

▶ 可以看出水母的展示，
是能將「興趣」提高到
讓人想畫在日記上、
使人留下回憶的體驗

帳號名稱＠使用者名稱
最後一天，找個地方出去玩
吧！選項有3個：動物園、
水族館或遊樂園。
＃暑假

▶ 可以看出問題在於，
暑假到哪兒都是人擠人，
一天頂多只能去一個地方。
而且營業時段也差不多，
無法一連去好幾個不同的
遊樂場所。

檢查結果為「第2級以下」的「興趣」與「問題」找法範例

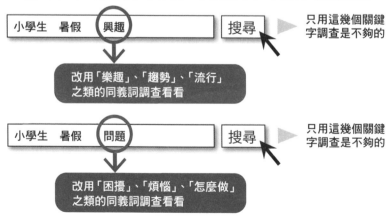

| 小學生　暑假　興趣 | 搜尋 |

▶ 只用這幾個關鍵
字調查是不夠的

改用「樂趣」、「趨勢」、「流行」
之類的同義詞調查看看

| 小學生　暑假　問題 | 搜尋 |

▶ 只用這幾個關鍵
字調查是不夠的

改用「困擾」、「煩惱」、「怎麼做」
之類的同義詞調查看看

No. 08 這個「興趣」或「問題」真的是「該處理的事」嗎？

　　找出「興趣」與「問題」後，別忘了檢驗「這真的是我（自家公司或品牌）該處理的事嗎？」。最後我們就來談談這個部分。

　　當「我」要處理某個「興趣」或「問題」時，**一定要有「正當理由」才行**。這是因為，如果無法讓社會大眾感受到「原來如此，所以他們才會做這種事啊。我懂了！」，他們就不會接受「我」的行動。

　　不過，光有「正當理由」仍無法期待廣大的回響。除了「正當理由」外，還必須要有能讓社會大眾覺得「咦！他們居然做了這種事，真令人吃驚！」的「**意外發現**」。別忘了檢驗兩者是否平衡（第五章介紹了保持絕妙平衡的案例，敬請各位參考）。

　　此外，也必須檢驗這個「興趣」或「問題」，**對「我」而言規模是否太大**。如果「興趣」或「問題」的規模過大，處理這個「興趣」或「問題」的競爭對手必然也會增加。

　　讓社會大眾將正在處理這個「興趣」或「問題」的人，跟「我」畫上等號，對「我」比較有利，對吧？而且，**規模較大的「興趣」或「問題」，其實往往是細微的「興趣」或「問題」的集合體**。因此，調查「興趣」與「問題」時，只關注「我」能負起責任處理的「興趣」或「問題」就好，這點很重要（圖12）。

圖12 檢驗「興趣」與「問題」

企業在處理「興趣」或「問題」時，
「正當理由」與「意外發現」的平衡很重要！

正當理由
「原來如此」
「可以理解」

意外發現
「咦!?」
「令人吃驚」

興趣
問題

震災復興
（大問題）

捐款
給付問題

義工
不足問題

臨時
住宅問題

淡忘問題

基礎建設
復原問題

從大問題當中，找出「自家公司能負起責任面對」的
問題來處理的話，活動會比較有真實感，
社會大眾也比較容易接受！

COLUMN　交食模式的命名由來

　　如同前述，提高「興趣」或解決「問題」，可以讓「社會」與「我」的關係變得更良好、更穩固。這樣一來，「社會」與「我」的圓就會大幅拉近，重疊的面積也隨之擴大。「接觸點」就會變成「接觸面」。這種重疊的現象近似「日食」或「月食」。因此，筆者便取日食或月食的「食」這個字，將這種思考架構命名為「Eclipse（交食）」。此架構是從「自豪」與「自虐」這兩方面去思考，這點也跟擁有光與暗這兩面的「食」很像，對吧？我們的目標，當然就是建立如日全食或月全食那樣，兩個圓完全重疊的關係。

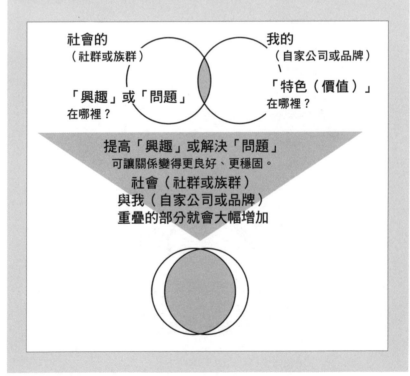

社會的
（社群或族群）

我的
（自家公司或品牌）

「興趣」或「問題」
在哪裡？

「特色（價值）」
在哪裡？

提高「興趣」或解決「問題」
可讓關係變得更良好、更穩固。
社會（社群或族群）
與我（自家公司或品牌）
重疊的部分就會大幅增加

CHAPTER

3

PR 思維所需的方法②
PR IMPAKT®

No.
01 令媒體想要報導!?
何謂「PR IMPAKT®」?

　　運用第二章介紹的「交食模式」以及PR思維構思出點子後，最好一定要檢驗「社會會有何種反應？」。「媒體」的反應就是其中一項指標。PR思維認為，事先以「**這個點子問世後，媒體會如何報導？**」之觀點檢驗及改良點子，是一件非常重要的事。

　　不過，胡亂檢驗的話，只會淪為「妄想」，毫無真實感。因此，建議你參考「PR IMPAKT®」這個思考方式。「PR IMPAKT®」是電通集團自創的思考法，總共歸納出6個「令媒體想要報導的觀點」（圖1）。電通集團調查及分類數量龐大的報導，從中發現媒體在報導新聞時，是以何種觀點進行採訪、以何種觀點選擇取捨。

　　之前，筆者曾向電視臺記者、報社記者、網路新聞寫手這些朋友說明這種思考方式，結果得到了這樣的評價：「這個思考法整理得很有條理」、「之前都不曾有系統地探討，我們是以何種標準去判斷有無新聞性，這樣的著眼點確實會讓人想去採訪」、「真想拿來用在新人培訓上」。

　　事實上，筆者認為**這個思考法，跟媒體從業人員在腦中進行的新聞判斷並無不同**，因此希望各位一定要使用看看。只要具備這6種觀點，媒體採訪、報導的著眼點就會增加，「想要報導」的媒體也會越來越多、範圍越來越廣。

圖1 PR IMPAKT®

PR IMPAKT®

（令媒體想要報導的6個觀點）

Inverse … 悖論、對立結構

Most … 最高級、首次、獨特性

Public … 社會性、地區性

Actor / Actress … 演員

Keyword … 關鍵字、數字

Trend … 趨勢、潮流、季節性

檢驗時，自己必須站在媒體
（例如電視節目的製作人、報社記者、雜誌編輯）的
立場進行，否則就沒有意義了！

檢驗時的重點：**媒體的看法**

・是否符合節目、報紙或雜誌所具有的「色彩」或「特色」？

・是否掌握到節目、報紙或雜誌之目標對象的興趣？

・以及是否能提升收視率、續訂率或閱覽數？

※注意，這個英文單字的正確拼法是「IMPACT」，不過這裡刻意將「C」改成了「K」。

CHAPTER

3

No.
02

[PR IMPAKT®①]
Inverse
（悖論、對立結構）

I是「Inverse」的第一個字母，指的是「悖論」與「對立結構」。在「PR IMPAKT®」當中，是媒體特別喜愛、能產生「**衝擊性**」的觀點（圖2）。

○ 悖論

「悖論」就是，顛覆定論（已根深蒂固的說法）的文章脈絡，或是採取跟既定印象相反的行動。與定論或既定印象的落差越大，越讓人感到「意外」，帶給社會的衝擊也越大。**就像「明明是A卻是B」這樣，用「明明是……卻是……」去發想比較容易產生靈感**，請各位牢記。另一個特徵則是，悖論很容易觸發後述的「情感扳機」（參考P.76），像是「不敢置信的」、「爆笑的」、「酷炫的」、「可愛的」、「具啟發性的」等多種情感。

○ 對立結構

至於「對立結構」，用「vs」去發想比較容易產生靈感。觀察媒體的報導方式會發現，撇開創下巨大成功紀錄的事物不談，媒體鮮少會專門報導「單一」商品或服務。**媒體的報導大多採對立結構**，例如：把2家相同產業的公司拿來比較，或是將目的或目標相近的東西（不分產業）放在一起報導。構思自家商品的PR策略時，只要事先假設對立對象，就能策略性地營造「對立結構」。對立結構的另一個特徵是，容易觸發「引發討論的」之情感扳機，也就是較能活化「**群眾之間的討論**」，例如：自己支持（喜歡）哪一方。

圖2　找出 Inverse 的方法

◇悖論

> 「明明是」A「卻是」B
>
> （例）● 「明明是」碳酸飲料，「卻又是」具特定功能的保健食品
> ● 「明明是」握飯糰，製作時「卻」不用握
> ● 「明明是」水族館「卻」可以夜宿

 POINT　「A」與「B」原本的印象相差越遠，湊在一起時產生的衝擊性越大，如此一來，就能發揮「明明是……卻是……」的效果。

衛生褲　←——✦——→　老年人用
原本的印象很接近，無法發揮「明明是……卻是……」的效果！

衛生褲　←——✦——→　年輕人用
原本的印象相差很遠，能夠發揮「明明是……卻是……」的效果！

◇對立結構

> A「vs」B
>
> （例）● 大型航空公司「vs」廉價航空
> ● 混合動力車「vs」電動車
> ● 罐裝咖啡「vs」超商現煮咖啡

 POINT　「A」與「B」大多是相同產業的競爭商品，但也可以擴大領域，以不同產業來營造對立結構，或是縮小範圍，在公司內部營造對立結構。以零食製造商明治為例，該公司的熱門商品「香菇山」與「竹筍村」這2款巧克力餅乾，就曾舉辦過「香菇vs竹筍大選」活動。該公司透過這種方式營造對立結構，在粉絲之間掀起「香菇vs竹筍論戰」而蔚為話題。

No. 03

[PR IMPAKT®②]
Most
（最高級、首次、獨特性）

◎「最高級、首次、獨特性」能變成新聞！

　　M是「Most」的第一個字母，意思是「最高級」、「首次」、「獨特性」。這是僅次於I的重要項目，掌握了「新聞性」的關鍵。

　　「全球首創」或「日本第一」這類所謂的「No.1」，就相當於這個項目的「最高級」。而「金氏世界紀錄認證」這類，獲得公認的第三方機構承認，也在Most的範圍之內。

　　不過，若要使用最高級這種表現手法，就得註明資料出處作為依據，況且也不是任何人、任何公司都可以成為No.1。

　　這種時候「○○過頭」就是一個很方便實用的觀點，建議大家先學起來。只要在某個特定領域裡，將規模或程度擴大、縮小至極點，就能創造出相當於最高級的獨特性。舉例來說，將大家都覺得「很辣」的餐點升級成「辣到過頭」就屬於這種方法。

　　另外，也可以在Most裡加入Inverse的要素。舉例來說，「極度自由的工作規則」就屬於這種方法。

　　「公司的工作規則」通常給人「死板」的印象，如果強調「自由」（＝悖論），而且程度還是「極度」（＝最高級／獨特性），就能讓資訊接收者感到「新鮮」（＝New）。如同字面上的意思，如果有數個New，這項資訊就會變成New"s"（新聞）。

　　除此之外，「第一次的～」（首次）、「運用獨家技術的～」（獨特性）也都屬於「Most」的觀點，大家要學起來喔（圖3）！

圖3 找出 Most 的方法

「第一」

（例）● 全球第一、日本第一、業界第一
　　　● 關東第一、東京第一
　　　● 在丸之內工作的粉領族心目中的第一名

只要縮小、限定範圍，就能找到某種「第一」

「最（爆）」

（例）「最大」、「最小」、「最快（爆快）」、「最輕量」

「～過頭」

（例）「可愛過頭」、「辣到過頭」、「大過頭」、「高級過頭」

「首次」

（例）「首日」、「首批出貨」、「首次公開」、「首家分店」、
　　　「首次訪日」、「首次體驗」

「新」

（例）「新商品或新服務」、「新開幕」、「新公司」

「至今不曾～」

（例）「至今不曾見過」、「至今不曾販售過」

「獨特性」

（例）「本公司的獨門技術」、「自行研發的機制」

No. 04

[PR IMPAKT®③]

Public
（社會性、地區性）

P是「Public」的第一個字母，代表「社會性」或「地區性」。

○ 社會性

　　媒體的活動，建立在「廣泛傳播大眾應該知道的必要資訊」這項社會使命上。如果希望媒體介紹自家公司或商品，就必須讓他們覺得「這是大眾應該知道的資訊」、「這是具備社會性的商品或企業」。

　　如果在運用「交食模式」（參考P.42）時，定出「想解決社會問題」這項目標，就比較容易符合這個觀點。這是因為，即便問題的嚴重程度有大有小，只要解決「某些人的問題」，這項行動就會被視為改變民眾生活、有助於民眾生活的行動。

　　就算沒能解決問題，從樂觀一點的角度來看，只要找出「自己與公眾的接觸點」，例如：說明「想出這個點子的來龍去脈」、跟公共機構合作或是尋找共同點，或許就會比較容易想到好點子（圖4）。

○ 地域性

　　最近「地方創生」成了國家的重大議題，以地方政府為主體的措施，或是活化地區的措施，通常很容易變成新聞報導出來。

　　另外，各地區也都有當地媒體在那片土地上扎根。以地區為主題的資訊，先由當地媒體製成新聞報導出來，是將資訊傳播到全國各地的最快方法。

　　如今因數位化的發展，入口網站常常可以看到地方媒體發布的新聞，如果在特定地區造成非常大的話題，也能創造可附加Most觀點（例如在○○縣人氣爆棚）的機會。

圖4 附加 Public 觀點的範例

例 肥皂製造商研發出「按一下壓嘴就會自動起泡」的液體肥皂

✖ 缺乏Public觀點的PR

> 自動起泡的液體肥皂新發售！

→ 僅看得到製造商的背景，「社會性」薄弱

⭕ 具備Public觀點的PR

> 肥皂要搓出泡沫得花時間，只有幾成的孩子會等搓出泡沫後，再花30秒以上的時間把手洗乾淨。
>
> 將肥皂搓出泡沫後再洗手30秒以上，罹患傳染病的機率就能降低X%。在以降低傳染病罹患率為目標的○○市，所有小學皆採用能自動起泡的液體肥皂。

→ 不僅可得知製造商為何研發這款液體肥皂的社會背景，還提到第三者的使用情形，算是「社會性」很高的資訊

No.

05

[PR IMPAKT®④]

Actor╱Actress
（演員）

● 由誰來說最有效果？

A是「Actor╱Actress」的第一個字母，意思是「演員」，這裡是指「**由誰來說，最能有效傳播？**」之觀點。

通常聽到「演員」就會想到「名人」，不過這裡所說的「演員」不見得一定是名人。

知名度不是重點，重要的是要從「**若想傳達這個點子（包括商品與服務）的魅力，最具說服力、最具影響力的人是誰？**」之觀點來思考。

另外，要由一名「演員」來說明商品或服務的一切，並製造出很大的說服力與影響力是非常困難的事，因此我們當然也可以起用數名演員，明確分配各演員的任務，例如：經營者負責說明「企業的研發目的與願景」，研發者負責說明「商品的特色」，專家負責說明「效能」，群眾負責說明「體驗後的感想」。

不過，此時要留意一件事。研發目的、商品特色、效能的說明，終究是以「企業」的觀點為主，抑或只是補充企業觀點的背景資訊。換句話說，**這些不過是製作新聞時的補充，以及強化新聞內容的修飾語罷了**。

實際使用、正在使用商品或服務的人，也就是所謂的「**體現者**」，**才是媒體在製作新聞時著重的要點**。

只要能把「演員」湊齊，一定可以設計出更為良善的點子吧（圖5）！

圖5 挑選 Actor／Actress 的方法

若想傳達點子（包括商品與服務），最具說服力、最具影響力的人是誰？

	傳達內容	演員範例（選擇對想傳達的對象而言影響力最大的人）
商業觀點 企業觀點或背景資訊＝報導的補充或修飾語	●商業上的願景 ●商品或服務的新奇性、特色、背景 ●受歡迎的證明（例如業績數字）……等等	經營者（高層）
	●商品或服務的規格 ●研究或研發祕辛……等等	研發者或研究者
	●社會背景或動向 ●研究資料 ●效果或效能……等等	外部專家
體現者資訊＝報導的重點 群眾觀點	●對社會或群眾的好處 ●對商品或服務的印象 ●體驗後的感想……等等	群眾、影響者、名人 ※「具說服力的人」因傳達內容而異。有時就算只是一名群眾（n＝1）的體驗依然具有說服力

依據想傳達的對象，以及傳達的內容，明確分配「演員」的任務！

No.

06

[PR IMPAKT®⑤]

Keyword
（關鍵字、數字）

　　K是「Keyword」的第一個字母，指「關鍵字」或「數字」。這也許是最容易想像的項目。

　　由於報導的字數或影片的播放時間（長度）都有限制，好記、朗朗上口的「關鍵字」，以及容易留下印象的「數字」特別受到青睞。

　　因此，說明點子（包括商品與服務）時，要從「**該怎麼稱呼才會比較好記、容易留下印象、令人想要告訴別人？**」之觀點來思考。簡單來說，訣竅就是抱著取「暱稱」的感覺去構思。

　　不過，運用PR思維設計關鍵字時，需要留意一件事，那就是：**創造前所未有的全新詞彙，是風險相當高的做法**。這是因為，要讓大眾記住新詞，得花費龐大的時間與成本。這種時候應講求「簡單易懂」，而不是設計一句又酷又潮的標語。

　　因此，建議你以現有的詞彙為基礎，**創造出有「一點點」新意的詞彙**，例如：將現有的單字組合起來、簡化現有的詞彙、變更既有名詞的其中一部分，讓人能夠想像詞彙的意思（圖6）。畢竟大眾對現有單字有著內隱知識與事前了解，理解新詞的速度就會比較快，新詞也會比較容易流傳開來。

　　用「數字」表現也是不錯的方法，這麼做較能使人產生具體的印象。只要準備好可以佐證點子的資料（自家公司或其他團體做的調查都可以），就能讓點子變得更加牢靠。

圖6 創造 Keyword 的方法

從現有的「熱門關鍵字」衍生出來

> 「婚活」、「就活」、「朝活」、「終活」、「淚活」、「菌活」
> ──→「○○活」
>
> 「肉食系女子」、「草食系男子」「理系女子（理科女）」
> ──→「○○系」
>
> 「登山辣妹」、「啤酒女子」、「相女（喜歡相撲的女生）」
> ──→「○○辣妹／女子」
>
> 「第三類啤酒」、「第三波咖啡」
> ──→「第三○○」

組合／縮短現有的單字

> 「爆發式的」＋「購買」＝「爆買」
> 「民家」＋「住宿」＝「民宿」
> 「新潮的」＋「男性」＝「潮男」

數字的表現訣竅（分為兩類，一種是用「比喻」說明，
一種是詳細說明）

> 用地面積相當於5座東京巨蛋
> 花了7538個小時完成的黑板畫

CHAPTER

3

No.

07

[PR IMPAKT®⑥]
Trend
（趨勢、潮流、季節性）

第六個T是「Trend」，代表「趨勢」、「潮流」、「季節性」。

媒體**對於判斷「何時」要將何種題材製成新聞非常講究**。這是因為，要是錯過當成新聞來報導的時機，這篇報導就沒有人會看了。

即便是完全相同的題材，若以「這是現在、這個當下，社會大眾想知道的事嗎？」之觀點判斷後，答案是「Yes」的話，媒體就會報導得較長（較大）；答案若是「No」，就會報導得較短（較小），或是乾脆不報導。

網路新聞媒體特別有這種傾向，他們常常得在更短的時間內立即判斷報導的時機，隨時變更要刊登的題材或標題。

因此，你要能夠說明清楚「**『為什麼現在』應該執行這個點子？**」，這點很重要。如此一來，點子的必然性就會更加強烈與穩固。當然，趨勢和潮流無時無刻都在改變，因此不容易預測，很難加進點子裡，反觀**季節性，由於時機都會定期來臨**，事前不難預測，也比較容易加進點子裡（圖7）。

另外，如果在運用「交食模式」（參考P.42）時，定出「想加強社會興趣」這個目標，由於社會的興趣大多受到「Trend」的影響，建議你平常就要以「**何時、在何處、容易提高何種興趣？**」之觀點觀察社會。

圖7 季節性話題範例（以日本為例）

1月	2月	3月
考試、學習	情人節	震災
感冒、流感	心病、憂鬱	花粉症
新年肥	畏寒、乾燥對策	休閒旅遊

4月	5月	6月
入學、新生活	母親節	震災
護髮	（為了夏天）鍛鍊	花粉症
賞花	畏寒、乾燥對策	黃金週、旅遊

7月	8月	9月
暑假	暑假、中元節	白銀週
減肥	中暑	抗老化
炎熱對策（清涼○○）	夏季疲勞對策	旅遊、溫泉

10月	11月	12月
萬聖節	楓葉、七五三節	聖誕節、臘月
運動	保溼、滋潤	感冒、流感
秋天的味覺藝術	火鍋、生薑食譜	大掃除

COLUMN　**就用PR IMPAKT®構思吧！**

　　本章介紹了PR IMPAKT®的6個觀點，其中「Inverse」和「Most」是最重要的兩大重點。因此無論如何，都要優先將這兩者加進點子裡。至於其他的PR IMPAKT®構思提示，請參考以下的整理。

PR IMPAKT®	範例	構思提示
Inverse …… 悖論、對立結構	➡明明是○○卻是△△ ➡○vs△	➡想一想如何「違背」既有概念 兩者相差越大越有趣 ➡鼓起勇氣面對、挑戰對方（敵人） 找出令群眾想支持自己的背景
Most ……最高級、首次、獨特性	➡全球首創○○ 日本第一○○ ➡○○過頭	➡試著擴大、縮小特定領域的規模或程度 新發現越多越有意思
Public …… 社會性、地區性	➡○○化社會…… ➡地方政府……	➡試著找出點子與公眾的接觸點 只要建立大家較願意贊成的機制，就容易被接受
Actor / Actress …… 演員	➡當紅的○○…… ➡鍾情於○○的△△……	➡評估「點子」與「想傳達的對象」之間的相容性 最好選擇影響力最高的人物
Keyword …… 關鍵字、數字	➡○○女子 ➡○活……	➡試著給點子取「名字（暱稱）」 短一點比較好用、好記
Trend …… 趨勢潮流、季節性	➡○○節…… ➡目前蔚為話題的○○	➡思考最能為這個點子增加說服力的時機 最好要有「非現在不可」的原因

CHAPTER

4

PR思維所需的方法③
情感扳機

No. 01

令人想要分享!?
何謂「情感扳機」?

● 令人想要分享的「10種」情感是什麼?

檢驗PR思維時,除了「媒體的觀點」外,最好也要從「社群媒體上的評論」之觀點進行檢視。因為社群媒體的影響力,是探討現代的PR時無法忽視的要素。

人本來就不可能「毫無情緒」地在社群媒體上分享資訊,或是發表文章。一般都是在看了什麼或體驗了什麼之後,產生了某種「情感」,想跟別人共享這份心情,所以才會分享或發文。

因此,筆者所屬的電通集團,成立了專門製作線上影片的團隊(順帶一提,這個團隊叫做「鬼Movie」),並且開發出「情感扳機」這個方法。

電通集團是以上傳到YouTube的熱門影片(分享次數、觀看次數、按讚數、留言數很多的影片)為對象,調查及分析使用者是在何種情緒下分享該影片的,最後從中整理、歸納出10個「情感種類」(圖1)。這10種情感即是「扳機」,也就是「觸發」分享行為的情緒。

如果希望自己的點子問世時,能夠被人分享出去,就得在發想階段事先設計「要讓人在何種情緒下分享這個點子?」,這點很重要。建構完「交食模式」(參考P.42)後,不妨站在「一名資訊接收者」的立場,帶著全新的心情以「情感扳機」進行檢驗。

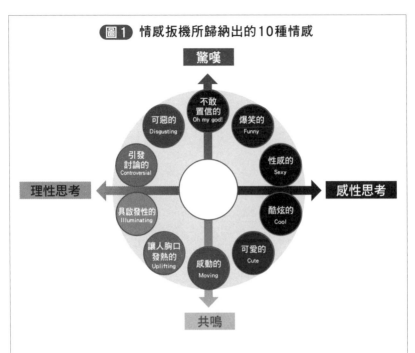

圖1 情感扳機所歸納出的10種情感

驚嘆

理性思考 ← → 感性思考

共鳴

可惡的 Disgusting
不敢置信的 Oh my god!
爆笑的 Funny
引發討論的 Controversial
性感的 Sexy
具啟發性的 Illuminating
酷炫的 Cool
讓人胸口發熱的 Uplifting
感動的 Moving
可愛的 Cute

「情感扳機」的情感分享範例	範例
感動的	溫馨的親子故事、實現不可能的挑戰 →「淚腺崩潰！」「（ノ;ω;ヽ）嗚」
讓人胸口發熱的（激動、受到鼓舞、揪心）	日本代表隊逆轉勝、令人想起青春時代的懷舊情景 →「唔喔！好耶——！」「觸動心弦」
不敢置信的	神乎其技的動作、大吃一驚的結局 →「太厲害了！」「前所未見！」
爆笑的	整人、意想不到的影片 →「笑到肚子抽筋！」「忍不住在電車上笑了出來～」
酷炫的	超級大帥哥、酷炫影片、精緻的設計 →「令人心癢」「太酷了！」
可愛的	貓咪的睡相、寶寶的反應 →「超可愛的！」「好療癒～」
可惡的	嚎啕大哭的澄清記者會、查明醜聞真相 →「太可惡了！」「太離譜了！」
具啟發性的（想告訴別人）	名言、一定要實踐的小撇步 →「說得真好！」「很想告訴那個人」
引發討論的（意見產生對立）	看法因人而異的照片、意見分歧的選項 →「我覺得看起來像○○！」「我是○○派」
性感的	撩人情景、性感的動作 →「忍不住看了！」「移不開目光！」

No. 02

[情感扳機案例①]
以資生堂為例

　　為了加深各位對「情感扳機」的理解，我們來看看幾個具體的影片例子吧！

　　首先介紹的是，資生堂的「High School Girl?美妝女高中生的祕密」這部影片。這部作品是在2015年公開，介紹欄寫著「充滿神祕氛圍的高中女生教室裡，其實隱藏著一個小祕密……？」。原來「影片中的女高中生，其實全是化了妝的男高中生」，這個令人大吃一驚的結局掀起熱烈的回響，在「暗藏玄機的影片」當中是相當成功的案例。

　　據說當時，資生堂把「與年輕人溝通」視為課題，徹底研究何種表現方式能讓年輕人接收到「化妝是一件快樂的事，有著能讓各式各樣的人變美的『力量』」這項訊息。該公司先是構思了30個點子，然後訪問女高中生與女大學生，結果「男扮女裝」這個影片點子大獲好評，受訪者均表示「會想分享給別人」，於是該公司便發揮這個點子製作出這部影片。演出者是現實中擔任雜誌模特兒的男高中生，影片中塞滿了「發現後會想告訴別人的巧妙機關」，最後成功地讓觀眾萌生「化妝的力量真是驚人。不過，能做得這麼徹底的資生堂也很厲害」這樣的感想。

　　若用情感扳機來分析「暗藏玄機的影片」，這種影片一般來說具有兩大特徵。一個是「不敢置信的」，也就是驚訝於出乎意料之處的趣味與巧妙；另一個則是「引發討論的」，例如：自己一開始就發現影片暗藏的玄機，或是完全沒發現。「玄機」曝光前後的落差越大，「不敢置信」的心情就越強烈，繼而引發更大的「討論」，於是影片就容易被分享出去，並且很快就竄紅起來。

資生堂的這部影片，不僅相當講究這2點，還加入女高中生這項「**可愛**」的要素，創造出更能觸發情感的作品（**圖2**）。

圖2 情感扳機案例① 資生堂

企業名稱：資生堂
發布日期：2015/10/16
標題：High School Girl?美妝女高中生的祕密
https://youtu.be/5n3Db6pMQ-8

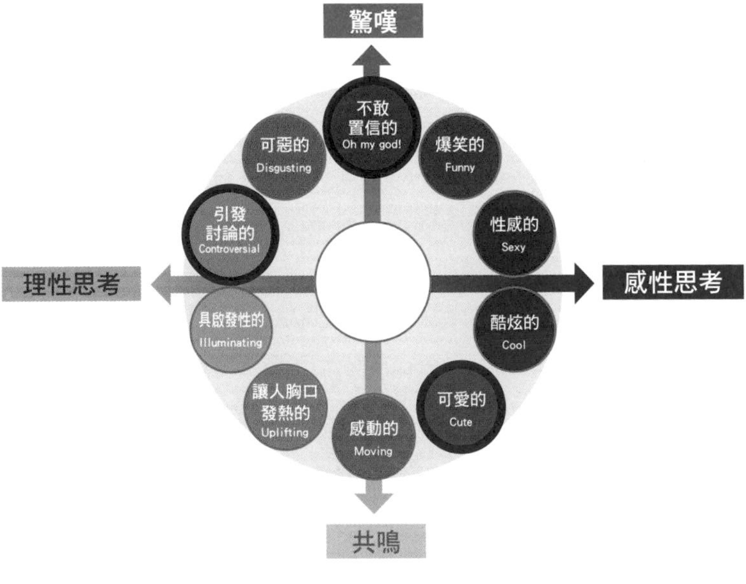

No.

03

〔情感扳機案例②〕
以安川電機為例

　　總公司位在福岡縣北九州市的安川電機，其工業用機器人的性能與市占率在全球皆是數一數二。目前機器人的技術廣泛運用在汽車、半導體、食品、醫療等各種領域上，因此該公司決定在創立100週年的時機點製作一段影片，向全世界宣揚自家公司的「造物精神」。

◎ 工業用機器人挑戰居合斬？

　　那部影片的標題為「YASKAWA BUSHIDO PROJECT／industrial robot vs sword master」，內容則是讓該公司的機器人「MOTOMAN-MH24」，跟修心流居合術兵法的創始者町井勳一起挑戰「居合斬（拔刀斬）」。據說「MOTOMAN-MH24」這款機器人的敏捷度與柔軟度，均達到「工業用機器人的性能極限」。

　　影片中，「MOTOMAN-MH24」依序重現居合術的基本技法「四方斬」、「袈裟斬」、「斜上斬」、「水平斬」，最後跟町井一起挑戰「千本斬」。「MOTOMAN-MH24」的敏捷度、正確度與柔軟度，不僅讓觀眾一時之間「不敢置信」機器人能辦到這種事，這一幕幕「酷炫」的景象也令人著迷不已。

　　到了影片的尾聲，町井與「MOTOMAN-MH24」互相行了一個禮。這畫面展現出武士道所重視的禮節與體貼對手的心，有「平成武士」之稱的町井與「MOTOMAN-MH24」，看起來就好似一對心靈相通的「同志」，讓觀眾看得「胸口發熱」。安川電機非常巧妙地，將情感扳機中的這3種情感放進這部影片裡。

　　另一個出色之處是，安川電機早已進軍海外拓展事業，因此採用外國人看了也會有所反應的日式風格情節與演出效果。實際上，這部

影片也確實獲得了世界各地觀眾的讚賞（圖3）。

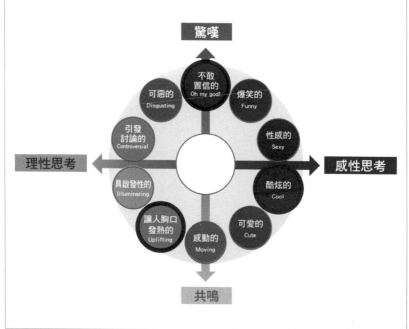

圖3 情感扳機案例② 安川電機

企業名稱：安川電機
發布日期：2015/06/04
標題：YASKAWA BUSHIDO
PROJECT／industrial robot vs
sword master
https://youtu.be/O3XyDLbaUmU

No.

04

〔情感扳機案例③〕

以P&G為例

「兩人一起分擔的東西 The things we share　#把今天當作好夫妻日吧」，是P&G在好夫妻日（11/22）即將到來前發布的特別影片，亦是家事分擔計畫的一環。影片以廚房清潔劑「JOY」為主題，寫實地描繪出夫妻之間關於家事分擔的糾葛，並傳達「之所以想要分擔，是因為想要了解」這項訊息。妻子為了工作及家事奮鬥，丈夫也很努力，然而兩人卻逐漸沒了交集，相敬如「冰」。解決這個問題的提示即是家事分擔，影片以「互相分擔心情」來表現，令人印象深刻。

據說這項計畫始於「希望洗碗能成為丈夫參與家事的契機」這種想法，規劃過程中，該公司不斷修改表現手法與情節。為了獲得真正的共鳴，該公司訪問了眾多顧客，從中發現她們有著這樣的煩惱：「每天有一大堆事情要做，無法跟伴侶分享心情。明明很希望對方幫忙自己或體貼自己，卻不敢表達內心的想法。」

P&G絞盡腦汁思索如何貼近這種心情，最後發現，如果丈夫不分擔家事，僅說一句「謝謝」的話，妻子聽了也不會開心，但若只是各自分擔一半的家事工作量，雙方也不會快樂。於是該公司用這部影片表現這一點，以打動更多人的心。

這部影片之所以能獲得廣大的「共鳴」，原因在於該公司**並未將家事分擔當作「分擔工作還是分擔心情」這種二選一的問題**。

影片不僅保留了分擔工作的重要性，更提出「能夠互相了解心情，夫妻與家庭才會幸福」這種嶄新的家事分擔觀念，可見該公司**掌握到現今時代的氛圍，尊重各種生活方式**。

分擔工作的家事分擔是JOB（工作、費力的事），分擔心情的家

事分擔則是JOY（喜悅、快樂），這項訊息也能帶給觀眾「想跟另一半一起看這部影片」、「我們家也試著改變看看吧」這類的「**啟發**」（圖4）。

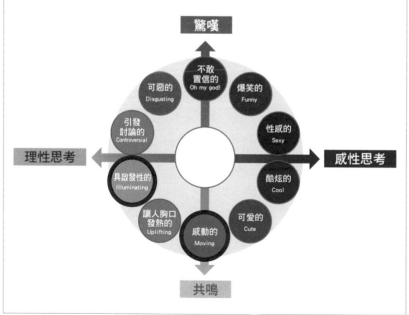

圖4　情感扳機案例③　P&G

企業名稱：P&G（廚房清潔劑「JOY」）
發布日期：2017/11/02
標題： 兩人一起分擔的東西 The things we share ＃把今天當作好夫妻日吧
https://youtu.be/do3HWd9ETsk

驚嘆

不敢置信的
Oh my god!

可惡的
Disgusting

爆笑的
Funny

引發討論的
Controversial

性感的
Sexy

理性思考

感性思考

具啟發性的
Illuminating

酷炫的
Cool

讓人胸口發熱的
Uplifting

感動的
Moving

可愛的
Cute

共鳴

No. 05 較容易觸發分享行為的「情感」是什麼？

「情感扳機」是透過影片分析開發出來的檢驗方法，不過想傳達企業、商品或服務的魅力時，也可應用這個方法。

為了更有效地運用「情感扳機」來強化PR思維，我們針對「情感扳機」的10種情感進行了群眾調查。

我們詢問群眾，當他們觀看跟企業有關的內容時，「何種情感刺激會令自己想把該內容分享給其他人？」。

○「較容易觸發分享行為的情感」第 1 名是？

「情感扳機」原本就歸納出10種分享時抱持的情感，經過調查之後，我們釐清了當中較容易觸發分享行為的情感，以及較容易留在心中的情感。

第1名是「感動的」（49.1%），第2名是「讓人胸口發熱的」（48.8%），第3名則是「不敢置信的」（40.8%）（圖5）。

也就是說，「溫馨的內容」、「故事打動人心、令胸口發熱的內容」、「超乎自己想像的驚奇內容」得到了群眾的支持。

另外，「可惡」與「性感」等情感，雖然也有可能觸發分享行為，卻也容易引起群眾的排斥或批評。如果目的是「增加企業的魅力」就必須留意，因為這種內容有可能面臨很高的風險，得到的回報卻很少。

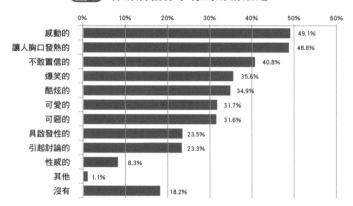

圖5 容易觸發分享行為的情感是⋯⋯

情感	百分比
感動的	49.1%
讓人胸口發熱的	48.8%
不敢置信的	40.8%
爆笑的	35.6%
酷炫的	34.9%
可愛的	31.7%
可惡的	31.6%
具啟發性的	23.5%
引起討論的	23.3%
性感的	8.3%
其他	1.1%
沒有	18.2%

■=想告訴別人、想傳達給別人的內容（可複選，n＝10,000）

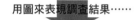

用圖來表現調查結果⋯⋯

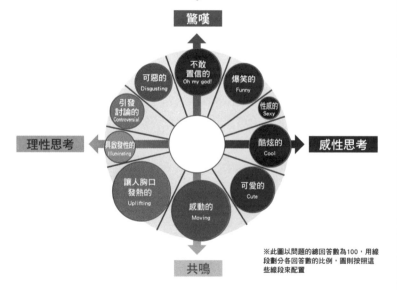

驚嘆

可惡的 Disgusting	不敢置信的 Oh my god!	爆笑的 Funny
引發討論的 Controversial		性感的 Sexy
具啟發性的 Illuminating		酷炫的 Cool
讓人胸口發熱的 Uplifting	感動的 Moving	可愛的 Cute

理性思考　　　　感性思考

共鳴

※此圖以問題的總回答數為100，用線段劃分各回答數的比例，圈則按照這些線段來配置

CHAPTER

4

容易觸發分享行為的前3名情感分別是「感動的」（第1名）、「讓人胸口發熱的」（第2名）、「不敢置信的」（第3名）

企業宣傳策略研究所「令人想要告訴別人的10種情感」《2017年第2屆企業魅力度調查》

No.

06

掌握各性別、
各年齡層的特徵！

　　我們也發現，各性別與各年齡層的「情感扳機」各有不同的傾向。因此可以說，當企業在製作內容，或事前檢驗運用PR思維構思出來的點子或資訊時，只要先掌握「想溝通對象的傾向」，就能提高分享機率。

◉ 各性別與各年齡層，「觸發分享行為的情感」不盡相同

　　以性別為例，在男女的情感中差異特別顯著的，就是「可愛的」、「爆笑的」、「可惡的」（依差異多寡排列）（圖6）。

　　「可愛」跟女性的相容性很高，這點不難想像。那麼「爆笑」呢？應該有人會感到些許意外。

　　從調查結果可知，製作引人發笑的有趣內容或點子時，留意「女性觀點」、不要添加女性較不支持的情感，比較容易觸發分享行為。

　　從各性別、年齡層來看，男女20～30歲的「觸發分享行為的情感」前3名，皆不同於整體傾向。

　　舉例來說，20歲男性的前3名是「讓人胸口發熱的」、「酷炫的」、「感動的」，20歲女性的前3名則是「讓人胸口發熱的」、「可愛的」、「爆笑的」。因此，運用PR思維規劃內容時，要更明確地考慮「希望哪個年齡層分享？」，或是「是否考量到目標分享者的情感？」，這點很重要。點子的方向也會隨之改變。

圖6 因性別、年齡層而異的「觸發分享行為的情感」

第1名　第2名　第3名

（單位＝％）

	合計	感動	讓人胸口發熱	不敢置信	爆笑	酷炫	可愛	可惡	具啟發性	引發討論	性感	其他	沒有
全體	100.0	49.1	48.8	40.8	35.6	34.9	31.7	31.6	23.5	23.3	8.3	1.1	18.2
男性	100.0	43.1	44.8	35.6	26.0	32.6	21.1	24.9	24.1	22.2	10.3	1.1	22.6
女性	100.0	55.1	52.7	45.9	45.2	37.3	42.3	38.4	22.9	24.4	6.3	1.1	13.8
20歲	100.0	49.7	56.9	43.6	45.3	45.7	46.3	34.6	20.8	24.2	13.2	0.4	13.6
30歲	100.0	50.7	54.1	45.4	41.6	42.1	40.0	36.6	23.3	26.7	10.2	1.3	12.8
40歲	100.0	49.8	48.8	41.6	38.1	37.6	31.7	34.6	23.4	24.1	8.4	1.3	17.2
50歲	100.0	48.6	44.5	38.2	32.5	29.2	25.2	28.9	23.6	21.1	5.9	1.2	22.2
60歲	100.0	46.9	39.6	35.3	20.5	20.2	15.5	23.6	26.5	20.6	3.8	1.2	25.3
男性20歲	100.0	40.2	50.6	34.5	29.9	41.8	30.2	26.0	22.6	22.0	14.8	0.2	18.8
男性30歲	100.0	45.8	52.3	40.9	33.7	43.1	28.5	30.6	24.5	27.8	14.3	1.3	15.5
男性40歲	100.0	44.2	46.2	37.3	29.7	34.4	20.2	26.8	23.0	23.7	10.6	1.1	20.5
男性50歲	100.0	41.8	37.5	32.6	22.4	25.7	14.6	21.4	21.6	18.3	7.2	1.1	29.3
男性60歲	100.0	43.5	37.6	32.8	14.3	18.0	12.1	19.6	28.7	19.2	4.4	1.6	28.9
女性20歲	100.0	59.1	63.2	52.7	60.6	49.5	62.3	43.1	19.0	26.3	11.6	0.6	8.4
女性30歲	100.0	55.5	55.9	49.8	49.5	41.0	51.4	42.6	22.0	25.6	6.1	1.3	10.1
女性40歲	100.0	55.4	51.4	45.8	46.5	40.8	43.1	42.3	23.7	24.5	6.1	1.4	13.9
女性50歲	100.0	55.3	51.4	43.7	42.6	32.6	35.8	36.4	25.5	23.8	4.5	1.2	15.0
女性60歲	100.0	50.3	41.6	37.7	26.6	22.4	18.9	27.6	24.3	22.0	3.1	0.8	21.6

企業宣傳策略研究所「令人想要告訴別人的10種情感 各性別年齡層一覽」
《2017年第2屆企業魅力度調查》

COLUMN　站在接收者的立場檢查！

運用「情感扳機」，檢驗依據PR思維創造的點子或資訊時，有幾個重點一定要注意。第三章介紹的「PR IMPAKT®」觀點，在內容裡放得越多越好，反觀「情感扳機」就未必如此。這是因為，比起加入許多「僅會造成輕微刺激的情感」，「1種情感就能造成強烈刺激，撼動人心」反而更容易讓人留下印象，並且促進分享。如果要在構思點子的階段加入情感，最多加入「3種」就好。

另外，檢驗時要拋開「這是自己創造的點子」這種偏袒態度。你必須化身為一名接收者，用全新的心情檢查，否則就沒有意義了。除此之外，也建議你詢問跟這個點子毫無關聯的人，聽聽對方的感想。

最後別忘了檢查，這個點子是否帶有如「情感扳機」中的「可惡的」這類「負面情感」。尤其當你認為「這是個好點子！」時更是要注意，因為這個點子的內容有可能令人不愉快。

當然，現實中不可能做到「獲得社會上所有人的贊同」，或是「完全沒有批評與風險」。

不過，事前用「情感扳機」檢查的話，應該能夠預測會引起多大的負面反應，並預先準備好這種時候能採取的措施。PR思維同樣不可缺少這種「風險管理」的觀點。

CHAPTER

5

「PR思維」的運用範例
各種成功案例

No.

01 實現優秀PR思維的「核心點子的創造與檢驗架構」

前面介紹了「交食模式」、「PR IMAPKT」、「情感扳機」這3種PR思維所需的方法。這3種方法的作用，總的來說就是：

交食模式…創造「PR思維」的核心點子之方法
PR IMAPKT®…以「令媒體想要報導的觀點」檢驗之方法
情感扳機…以「令人想要分享的情感」檢驗之方法

本章要說明的是，如何將這3種方法組合起來，使用可實現**優秀PR思維**的「**核心點子的創造與檢驗架構**」。

P.92的圖1即是「核心點子的創造與檢驗架構」。前半段的架構為第二章所說明的「交食模式」，這個部分主要是用來擬定「**PR思維的點子**」。後半段的架構則是「PR IMAPKT®」與「情感扳機」，這個部分是用來檢驗擬好的點子會有何種「**社會反應（是否令媒體想要報導、是否令人想要分享？）**」。

檢驗之後，如果發現欠缺某個項目，就回到「交食模式」改良點子。只要一再重複這個過程，就能加深PR思維，擬出一段容易讓社會產生反應的故事。假如改良之後，「PR IMAPKT®」或「情感扳機」依然不夠完備的話，也可以試著想一想，該怎麼改良點子，才能加入「I（悖論、對立結構）」或「M（最高級、首次、獨特性）」的要素，或是該怎麼改良點子，才能強烈刺激「情感扳機」中的某一種情感（不過，假如在運用交食模式發想時，「I」或「M」就不夠完備的話，即表示這個點子並不出色，建議你重新構思點子）。

接下來，我們以第2章的「可夜宿的水族館」點子為例，用「核心

點子的創造與檢驗架構」檢驗看看吧！

　　請看P.94的**圖2**。「可夜宿的水族館」具備「『明明是』水族館『卻』可以夜宿」、「日本首創（※當時）」這2個要素，因此「I」與「M」這2個項目過關。另外，「可夜宿的水族館」這個名稱有趣又好記，因此「K（關鍵字）」也過關了。但是檢驗之後，卻發現缺乏「P（社會性、地區性）」、「A（演員）」、「T（趨勢、潮流、季節性）」這3個觀點。也就是說，**只要能夠改良點子，添加這些要素，便能創造更出色牢靠的點子**。

　　舉例來說，如果想追加A的要素，就要想一想由誰談論「可夜宿的水族館」最能將這個點子傳播出去。是愛魚的藝人嗎？還是飼育員爸爸、飼育員媽媽？館長？抑或是水族館所在的市町村小學生？就像這樣，充實、擴大點子的內容，然後添加最可能引起反應的要素。用「情感扳機」檢驗時，不妨檢查一下「**這個點子能否使這個情感的振幅最大化？**」。舉例來說，試想一下如何才能讓人「雀躍（胸口發熱）」，腦中應該會浮現出「夜間的水槽改採跟白天不同的打光方式」之類的點子，對吧？

　　筆者也很**建議**大家運用這個架構**分析案例**。這是因為，運用這個架構分析社會公認的成功案例，可以掌握到運用PR思維創造點子的訣竅。

　　接下來要介紹的案例，基本上全都運用了PR思維。相信各位看完這些案例後應該就會明白，PR思維不僅能用來建構品牌與開發新商品，還可應用在企業活動與徵才活動上。

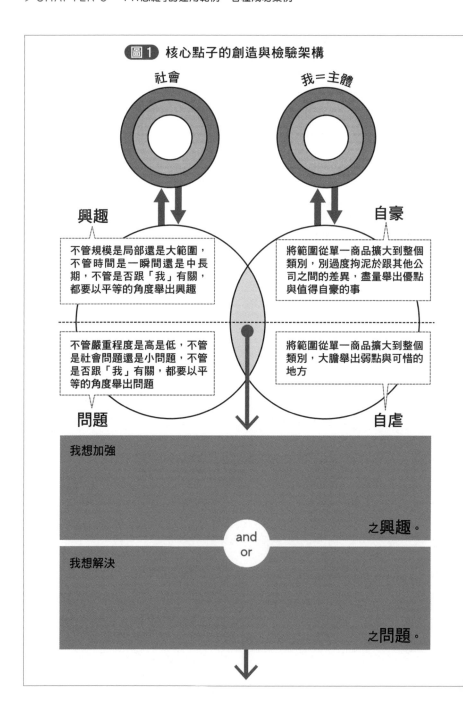

圖1 核心點子的創造與檢驗架構

社會

我＝主體

興趣

不管規模是局部還是大範圍，不管時間是一瞬間還是中長期，不管是否跟「我」有關，都要以平等的角度舉出興趣

將範圍從單一商品擴大到整個類別，別過度拘泥於跟其他公司之間的差異，盡量舉出優點與值得自豪的事

自豪

不管嚴重程度是高是低，不管是社會問題還是小問題，不管是否跟「我」有關，都要以平等的角度舉出問題

將範圍從單一商品擴大到整個類別，大膽舉出弱點與可惜的地方

問題

自虐

我想加強

之興趣。

and
or

我想解決

之問題。

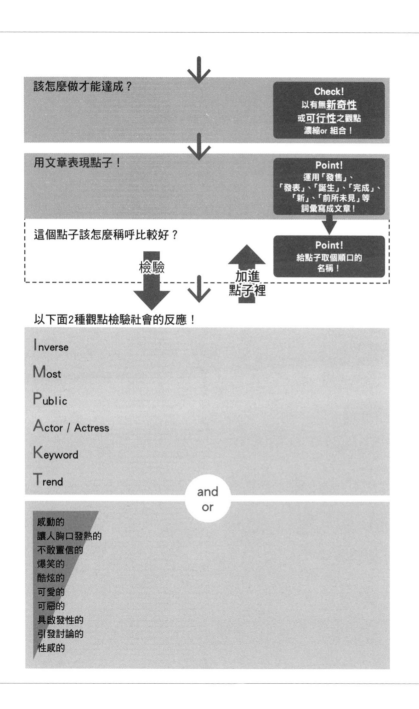

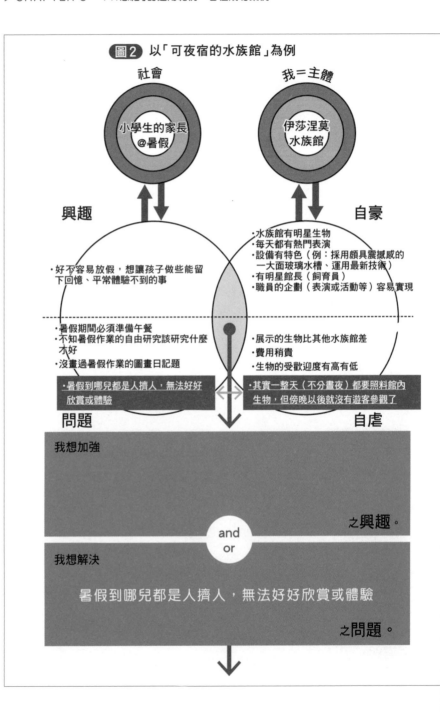

圖2　以「可夜宿的水族館」為例

社會

我＝主體

小學生的家長＠暑假

伊莎涅莫水族館

興趣

自豪

・好不容易放假，想讓孩子做些能留下回憶、平常體驗不到的事

・水族館有明星生物
・每天都有熱門表演
・設備有特色（例：採用頗具震撼感的一大面玻璃水槽、運用最新技術）
・有明星館長（飼育員）
・職員的企劃（表演或活動等）容易實現

・暑假期間必須準備午餐
・不知暑假作業的自由研究該研究什麼才好
・沒畫過暑假作業的圖畫日記
・暑假到哪兒都是人擠人，無法好好欣賞或體驗

・展示的生物比其他水族館差
・費用稍貴
・生物的受歡迎度有高有低
・其實一整天（不分晝夜）都要照料館內生物，但傍晚以後就沒有遊客參觀了

問題

自虐

我想加強

　　　　　　　　　　　　　　　　　之興趣。

and or

我想解決

暑假到哪兒都是人擠人，無法好好欣賞或體驗

　　　　　　　　　　　　　　　　　之問題。

該怎麼做才能達成？
· 創造絕對不擁擠的水族館（在深夜或早晨營業的水族館→可以夜宿的水族館！）
· 讓等待時間變得有趣（製作打發時間的冊子發給遊客）
· 刻意引導遊客到不擁擠（冷清）的生物區

用文章表現點子！

前所未見!?「可夜宿的水族館」，僅在夏季開放！

這個點子該怎麼稱呼比較好？

可夜宿的水族館

以下面2種觀點檢驗社會的反應！

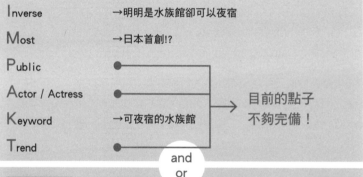

Inverse →明明是水族館卻可以夜宿

Most →日本首創!?

Public ●

Actor / Actress ●

Keyword →可夜宿的水族館

Trend ●

目前的點子
不夠完備！

and
or

感動的
讓人胸口發熱的 →跟孩子一起經歷難忘的體驗
不敢置信的 →夜晚的水族館好神祕！好美！
爆笑的 →居然可以獨占一向人擠人的水族館！
酷炫的
可愛的
可惡的
具啟發性的 充實、擴大點子的內容，
引發討論的 想一想如何才能更加刺激這些情感！
性感的

No. 02

〔案例①運用於企業活動〕

Sakura Paxx
「熊本城組裝募款」

事例介紹

»Background—背景—

2016年4月,日本發生了熊本地震,熊本縣的象徵「熊本城」也受損嚴重。根據試算,修復費用大約是634億日圓,整座城要花上20年左右才能復原。

Sakura Paxx是一家位於富山縣的公司,專門生產紙箱與包裝材料。只是一家地方企業的Sakura Paxx,想為同樣只是一個地方縣市的熊本盡一份心力,於是決定運用自家公司的專業領域「紙箱」,長期援助熊本的災後復興,不讓支援隨著記憶淡化而中斷(圖3)。

»Idea—點子—

該公司之前就曾代工生產巴掌大小的「熊本城」瓦楞紙模型。於是他們運用這項資產,發起「熊本城組裝募款」活動。這是一項只有紙箱製造商才辦得到的社會溝通活動,目的是建立「能讓民眾長久惦記著熊本、想要支援熊本的機制」。

◎「熊本城組裝募款」的特色

- 1份組裝模型賣2000日圓,銷售金額全數捐出,用於熊本城的修復工作。
- 將組裝模型所花的時間定義為「惦記著熊本(城)的時間」(平均37分鐘)。透過這項作業讓人體會到,支援並非「把錢投入捐款箱這種一次性的行為,或是點一下滑鼠就完成的事」,而是「需要花時間的行動」。
- 2017年4月(震災1年後),在都心舉辦「熊本城組裝募款展」。

»Result—結果—

　　不只日本國內，該公司也接到臺灣與香港等10個國家及地區的訂單，業績是當初預估的160%（銷量5500份），總募款金額超過1100萬日圓。「惦記著熊本（城）的總時數」超過3412小時（截至2017年8月為止）。民眾對Sakura Paxx的好感度隨之攀升，想到該公司上班的人增加了2成。詢問度也跟著暴增，陸續接到20件合作邀約。

> ◎社群媒體上的回響
>
> 「我覺得這是個很棒的點子。可以實際感受到自己支援了熊本的復興工作。」「我不太好意思捐款。不過，如果是透過這種方式我就會買。」「組裝熊本城很好玩。希望現實中的熊本城能夠早點復原。」「要是自己還年輕，真想在這樣的公司工作！」

圖3 熊本城組裝募款

「熊本城組裝募款」
http://www.kumitate-bokin.jp/

◎ Sakura Paxx的案例值得學習的地方

　　筆者認為，Sakura Paxx的案例是一個很精彩的挑戰，證明了即便只是一家私人企業，也能夠嘗試解決嚴重程度頗高的問題。事實上，得知這項計畫，而在社群媒體之類的地方留言的人，有9成以上表現出善意的反應。

　　Sakura Paxx的行動能獲得社會的善意回應，原因除了該公司面對「問題」的態度非常真誠之外，==該公司處理這個問題的「正當理由」與「意外發現」也保持絕妙的平衡==。

　　如同P.56的說明，企業在面對某個「問題」時，必須讓社會大眾感受到「原來如此，所以他們才會做這種事啊。我懂了！」（也就是要有「正當理由」），否則這項行動不會獲得社會大眾的認同，甚至還有可能招致排斥。不過，光有正當理由仍無法期待廣大的回響，==還必須要有能讓社會大眾覺得「咦！他們居然做了這種事，真令人吃驚！」的要素（意外發現）==。

　　「熊本城組裝募款」的「正當理由」與「意外發現」巧妙地共存，前者是地方企業支援地方縣市這點讓人「可以理解」，而且大家也認同「支援要花時間的」；後者則是紙箱公司能為熊本震災復興盡一份心力這點令人「意外」，而組裝巴掌大小的熊本城就能支援復興也令人「吃驚」。

　　另外，該活動==選擇解決的「問題」也很恰當==。一家私人企業若要獨自面對嚴重程度高的重大問題，負擔可不輕。

　　不過，==重大問題大多是數個問題的集合體==，因此重點就是將重大問題拆成各種構成要素，從中選出「零碎的問題」，並且真誠地面對。

　　以「熊本城組裝募款」為例，Sakura Paxx將「熊本地震後的復興」這個非常重大的問題拆解開來，選擇面對「防止大眾淡忘」這個問題。畢竟一旦面對「問題」，就得負起責任堅持到最後，如何找出

自家公司或品牌應處理的「問題」，是一件至關重要的事。

　　下一頁的**圖4**，是用「核心點子的創造與檢驗架構」，分析「熊本城組裝募款」這項活動，敬請各位參考看看。

　　從「熊本地震後的復興」這個重大「問題」中，找出「遭大眾淡忘」這個問題，是本案例第一個值得學習的地方。Sakura Paxx認為，要解決遭淡忘的問題，「必須讓大眾更加意識到『支援復興是要花時間的事』」，而自家的代工商品熊本城模型，同樣得花一段時間才能組裝完畢。該公司便是著眼於這點，把組裝模型這項行為變成「募款機制」，設計出自家公司才辦得到的支援方式。總而言之，**檢驗解決問題的方法「是否為適合自家企業的方法？」，同樣是擔保前述「正當理由」所不可或缺的程序**。

　　下一個值得學習的地方，是「**點子的命名方式**」。這個部分屬於「PR IMPAKT®」的「K（關鍵字）」。

　　Sakura Paxx的出色之處，在於研究「如何讓更多的人知道，自己對這個活動的想法」，想出容易傳播且大家都會想叫出口的名稱。該公司取許多人都很耳熟的「定額存款」這個名詞的諧音，將活動命名為「組裝募款」。（前者日文寫作「積み立て貯金」，後者寫作「組み建て募金」，兩者除了讀音相近，字面上看起來也很相像。）

　　最後一個值得學習的地方，就是Sakura Paxx的「勇氣」與「決心」。要讓這個點子更加牢靠穩固，就**不能只撥出銷售額的一部分，必須全數捐出才行**，對吧？解決社會問題時一定要捫心自問：「自己有『勇氣』與『決心』做得這麼徹底嗎？」因為解決問題不能虎頭蛇尾。Sakura Paxx精彩地「自答」了這句「自問」。

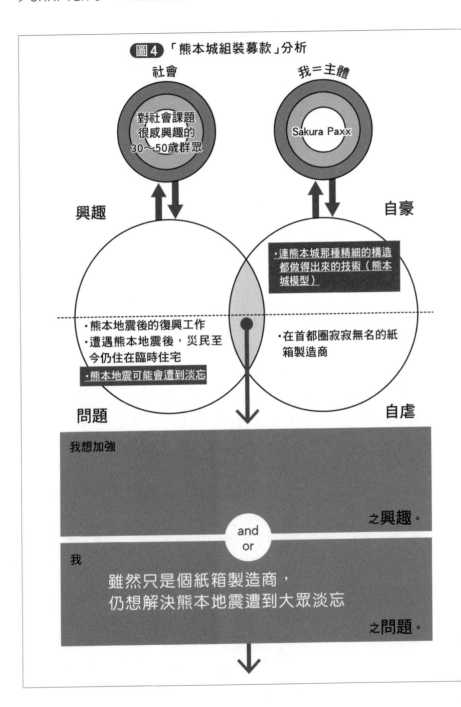

圖4 「熊本城組裝募款」分析

社會　　　　　　　　　　我＝主體

對社會課題
很感興趣的
30～50歲群眾

Sakura Paxx

興趣　　　　　　　　　　　　　　　　　自豪

・連熊本城那種精細的構造
都做得出來的技術（熊本
城模型）

・熊本地震後的復興工作
・遭遇熊本地震後，災民至
今仍住在臨時住宅
・熊本地震可能會遭到淡忘

・在首都圈寂寂無名的紙
箱製造商

問題　　　　　　　　　　　　　　　　　自虐

我想加強

之興趣。

and
or

我

雖然只是個紙箱製造商，
仍想解決熊本地震遭到大眾淡忘

之問題。

該怎麼做才能達成？

· 販售熊本城模型，將銷售額全數捐出
· 將組裝熊本城模型的時間，定義為惦記著熊本城的時間
· 在熊本地震滿1周年的時間點，於淡忘速度快的首都圈運用熊本城模型舉辦活動

用文章表現點子！

嶄新的募款活動開跑，只要組裝巴掌大小的熊本城，就能援助熊本！

這個點子該怎麼稱呼比較好？

　熊本城組裝募款

以下面2種觀點檢驗社會的反應！

Inverse　　　→明明是紙箱製造商，卻為熊本地震做出貢獻；
　　　　　　　　　明明是精巧的熊本城，卻能用瓦愣紙組裝而成
Most　　　　 →防止熊本地震遭到大眾淡忘

Public

Actor / Actress

Keyword　　　→組裝募款／瓦楞紙熊本城

Trend

and
or

感動的　　　　　→真是不錯的活動！好感動！
讓人胸口發熱的　→富山人的驕傲！
不敢置信的
爆笑的
酷炫的
可愛的
可惡的
具啟發性的　　　→希望活動能為了熊本城這個復興象徵持續下去！
引發討論的
性感的

No. 03

〔案例②運用於商品品牌建構〕

Vegefru Farm「重金屬社歌／重金屬小松菜」

案例介紹

»Background—背景—

「Vegefru Farm」是位於千葉縣的農業生產公司。前飆車族頭頭於2012年創立這家公司，每年生產小松菜、紅蘿蔔、白蘿蔔等約500噸的蔬菜。公司的政策方針為「發起農業革命」，為了率先解決日本的農業課題，總是積極展開各種活動。

Vegefru Farm認為最大的課題之一，就是生產者「沒有價格決定權」，因此決定提高自家公司的品牌力，加強發布公司的訊息，以喚起社會的關注。

»Idea—點子—

某天，Vegefru Farm看到電視節目介紹某家工廠的「聽育」，也就是「（為了做出美味麵包）讓麵包聽古典樂」之後，認為「小松菜本來就富含鐵質，如果讓它聽重金屬音樂，說不定會增加更多的鐵質」，於是製作了一首給小松菜聽的重金屬社歌「小松菜伐採」，每天大聲播放這首歌，以聽育方式栽培「重金屬小松菜」。

然而，2016年春天首批出貨時，檢驗滋味與成分卻發現，採取聽育栽培的小松菜與普通的小松菜毫無不同，完全沒起任何科學變化。不過，Vegefru Farm並未將這項事實視為失敗，而是解釋為「成功發現『即使給農作物聽重金屬音樂，也不會起任何變化』」，並將這項假設與驗證過程及結果全部公開，在市場上推出「重金屬小松菜」（圖5）。

»Result—結果—

聽重金屬社歌長大的「重金屬小松菜」亮相後，隨即在網路上造成話題，詢問度也隨之暴增。網路上的熱潮後來延燒到媒體，關東的所有電視臺皆報導了這項消息。

目前「重金屬小松菜」的線上訂單，依舊維持當初開始生產時預估的10倍以上，還有人委託Vegefru Farm製作社歌。除此之外，據說這件事對人才招募也有正面的影響。

圖5　重金屬社歌／重金屬小松菜

Vegefru Farm董事長田中健二（右）與長山衛，2人表示想透過「重金屬社歌」與「重金屬小松菜」建構自家公司的品牌，發起農業革命

長山不僅是Vegefru Farm的董事，也是重金屬樂團「奧林帕斯16鬥神」的團長。該公司的重金屬社歌「小松菜伐採」，從作詞作曲、演奏到影片製作全由他一手包辦

⭗ Vegefru Farm的案例值得學習的地方

主導這個案例的Vegefru Farm董事・長山衛先生表示，這一連串的活動其實是「**抱著堪稱『瘋狂』的強烈決心，宣揚自家事業的『哲學』**」。或許是這股決心使然，Vegefru Farm相當敏銳地預測到「社會對自己的行動與言論會有什麼『反應』？」，而這正是該公司的特長。

長山本身是一名重金屬樂迷及重金屬樂團成員，他表示製作用來栽培「重金屬小松菜」的「重金屬社歌」時，最先考慮的是「抓住重金屬樂迷的心」。這是因為，重金屬樂迷的社群雖然狹小，深度卻非常廣，**只要能在這裡製造壓倒性的差異，一定會掀起話題**，「**話題也能夠擴散到其他社群**」。

也就是説，Vegefru Farm採取的策略是，一開始不從大的社群著手，而是先找出「**確實有可能產生反應、規模較小的社群**」，在那裡引發「反應」。然後再利用這個「反應」，於其他規模更大的社群引發「連鎖反應」。

長山指出，在激發連鎖反應的階段，他們注意到最近的報導趨勢，相當關注TPP（跨太平洋夥伴協定）、就業人口問題以及農業界現況。Vegefru Farm感覺到，社會與媒體都在期待一直以「不良少年農業」自稱的他們「接下來又有什麼花樣？」，因此他們預測，只要實行超乎大眾意料的措施，一定能引起很大的「反應」。

也就是説，他們之所以能敏銳地預測「反應」，不只是因為熟知這個社群的特性，**這也證明了他們正確掌握到對方「如何看待自己？」**。

運用「不良少年農業」廣為人知的現狀，循序漸進地將溝通對象從重金屬樂迷社群擴增到整個社會，這樣的手法只能用「厲害」二字來形容。

◎ 新創企業的 PR 關鍵在於「趣味性」！

　　本案例另一個出色之處在於，為了引起社會的反應所營造的情境。雖然實驗前建立的假設（讓富含鐵質的小松菜聽重金屬音樂，會變得更可口）不堪一擊，Vegefru Farm卻將結果解釋成「發現『沒起任何變化』」，並認為「明明沒人要求，前不良少年卻非常認真地驗證無人想得到的假設」這點充滿了「趣味性」，因此決定公開這段實驗過程。

　　PR不能是虛構的，必須是真實的。也就是説，**根據事實（Fact）設計情境，是PR的前提**。就算事實不如預期，也要以「**如何解釋才能營造出引起群眾興趣的情境？**」之觀點重新建構內容，這一點Vegefru Farm可以説做得相當不錯。

　　長山認為，中小企業或新創企業在推動PR時，「趣味性」是必不可缺的關鍵。

　　「我們有想過，這首社歌未必人人都喜歡，但只要打贏『重金屬樂迷市場』這場局部戰，應該就能進入『媒體報導』這場空中戰。如此一來，就算只讓1%的人感興趣，理應也會形成很大的市場。推動PR時，建議抱著堪稱瘋狂的決心，試著加入趣味性這項關鍵要素。這樣一來應該就能創造出大企業所無法做到的優勢。」（長山）

　　下一頁是用「核心點子的創造與檢驗架構」來分析本案例，請各位參考看看（圖6）。

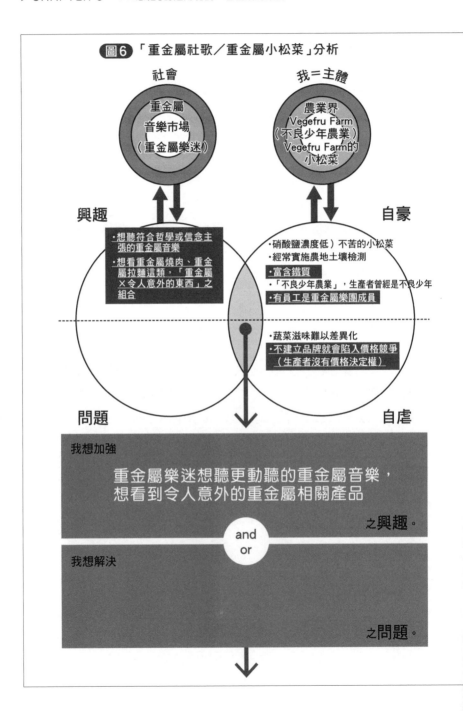

圖6 「重金屬社歌／重金屬小松菜」分析

社會

重金屬
音樂市場
（重金屬樂迷）

我＝主體

農業界
Vegefru Farm
（不良少年農業）
Vegefru Farm的
小松菜

興趣

· 想聽符合哲學或信念主張的重金屬音樂
· 想看重金屬燒肉、重金屬拉麵這類，「重金屬×令人意外的東西」之組合

自豪

· 硝酸鹽濃度低）不苦的小松菜
· 經常實施農地土壤檢測
· 富含鐵質
· 「不良少年農業」，生產者曾經是不良少年
· 有員工是重金屬樂團成員

· 蔬菜滋味難以差異化
· 不建立品牌就會陷入價格競爭（生產者沒有價格決定權）

問題

自虐

我想加強

重金屬樂迷想聽更動聽的重金屬音樂，
想看到令人意外的重金屬相關產品

之**興趣**。

and
or

我想解決

之**問題**。

106

該怎麼做才能達成？

· 製作以農業為主題、重金屬曲風的社歌
· 讓小松菜聽重金屬音樂，培育出含有更多「鐵質」、更好吃的小松菜

用文章表現點子！

· 不良少年農夫製作的重金屬社歌公開發布！
· 日本首見!? 聽重金屬音樂長大的小松菜登場！

這個點子該怎麼稱呼比較好？

重金屬社歌／重金屬小松菜

以下面2種觀點檢驗社會的反應！

Inverse	→明明是社歌卻走重金屬路線!?
Most	→日本首見!? 讓小松菜聽重金屬音樂長大
Public	
Actor / Actress	→生產者是前不良少年及重金屬樂迷
Keyword	→重金屬社歌／重金屬小松菜
Trend	

and
or

感動的 讓人胸口發熱的 不敢置信的 爆笑的 酷炫的 可愛的 可惡的 具啟發性的 引發討論的 性感的	→社歌居然是重金屬曲風!? →居然用重金屬音樂栽培小松菜ww而且還沒起任何變化ww

No. 04

〔案例③運用於新商品開發〕

不透白T製作委員會
「正裝白T」

案例介紹

» Background ─背景─

工作型態越來越多樣，工作場合的穿著也隨之轉變。「極簡（Normcore，即極為普通）」一詞成了最近的流行趨勢，「簡約基本的服裝」同樣大受歡迎。與此同時，想在正式場合「穿白色素T恤」的男性也急遽增加。然而，「穿白色T恤會讓乳頭透出來」這個問題令不少男性頗為煩惱。

» Idea ─點子─

R股份有限公司的執行長川邊洋平先生，為了那些想把白色T恤當成「正裝」穿，而非當作「內衣」的男性，成立了「不透白T製作委員會」，開發出不會「露點」、可以放心穿著的白色T恤「正裝白T」（圖7）。

» Result ─結果─

2017年3月推出限量200件的春夏版「正裝白T」，短短30分鐘就搶購一空。追加的100件春夏版，以及8月發售的500件秋冬版也全數銷售完畢。半年內銷售額就達到1000萬日圓左右。

◎「正裝白T」的特色

· 採用典雅的設計與厚磅布料，乳頭不會透出來，最適合在工作場合或正式典禮上穿著（穿著白T玩水、照射強烈光線等情況除外）。
· 選用盡量不使用農藥栽種的棉花，原料以烏干達、印度、美國的有機棉花混合而成。
· 從紡織到縫製全在日本進行。

圖7 正裝白T

「正裝白T」

http://seisoshirot.com/

不曾在意

16.2%

83.8%

曾經在意

穿白色T恤時，會在意「露點」的人占83.8%

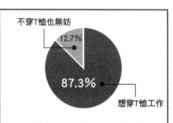

不穿T恤也無妨

12.7%

87.3%

想穿T恤工作

即使有「露點」的風險，夏天依然想穿T恤工作的人占全體的87.3%

腋下出汗、露毛與「露點」是男性的三大NG儀容！

白T製作委員會《關於白色T恤露點問題之調查》（有效回答數：315名男女）

● 正裝白T的案例值得學習的地方

P.116是本案例幕後推手川邊洋平先生的專訪，當中提到，這項商品的誕生其實起因於川邊本人的「問題」。川邊一直在尋找不會「露點」的白色T恤，但就是找不到可解決這個問題的現有商品，後來發現除了自己之外，也有人在煩惱這個問題，他心想，要是能製作出不透的白T，自己和大家都會很開心，而且這種白T應該能大賣……正裝白T的點子，就是在這段過程中逐漸成形的（**圖8**）。

● 根本問題的「周邊興趣與問題」也要注意

一般人在創立新事業、新商品或新服務時，大多是以交食模式左邊的「興趣」或「問題」為起點來發想點子。

而且，不少案例都是始於極少數人（例如自己或身邊的人）的「興趣」或「問題」。假如除了自己或當事者以外，那也是某些社群的「興趣」或「問題」，這就表示社會對此有一定的需求。

此外，如果這時能找出根本的「興趣」或「問題」所附帶的、**該社群的其他「興趣」或「問題」，並且一起解決**的話，點子就會更加牢靠穩固。

那些為「穿白T會露點」問題煩惱的人，其根本「問題」的周邊應該有著「簡約的時尚趨勢」、「勞動方式與工作型態的多樣化」、「崇尚有機」之興趣，以及「沒有能在正式場合（工作時）穿著、穿起來很舒服的服裝」之問題。

正裝白T的案例，在討論T恤的設計與材質的過程中，也成功解決了與露點問題有關的「**周邊的興趣與問題**」，所以才能大受歡迎，交出漂亮的成績單。

P.114的**圖9**，是用「核心點子的創造與檢驗架構」分析正裝白T的案例，請各位參考看看。

⊙ 重視「興奮感」與「期待感」

川邊表示，從開發到銷售，他都很重視自己拿起這項商品時的**「興奮感」與「期待感」**。

這個部分就屬於「核心點子的創造與檢驗架構」中，交食模式下方的「情感扳機」的範疇。

從一開始他就思考著「當自己拿到正裝白T時，會是什麼樣的心情？」、「願意跟其他人分享這項商品嗎？」、「商品問世後會得到什麼樣的評論？」，而且直到最後都不斷思量這些問題。

本案例另一個出色的地方在於實際進行調查，將在意露點問題的人數「可視化」。

P109的**圖7**是其中一部分的調查結果，當初發表商品時，專案團隊便將「有超過8成的人穿白T時會在意露點問題」之事實，告訴參加發表會的媒體相關人士。

⊙ 提出「常有的事」之「根據」

只要拿出根據進行說明，**「常有的事」就會變成「社會話題」，也會令媒體「想要報導」**。

如果依據PR思維來發想點子，就會比較容易想出如何在點子問世時獲得公共報導，這點相信各位應該都理解了吧？PR思維正是提升PR手法的最佳方法。

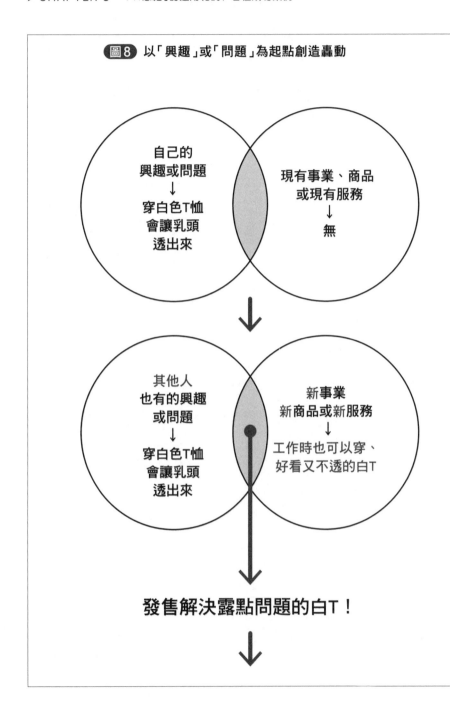

圖8 以「興趣」或「問題」為起點創造轟動

自己的
興趣或問題
↓
穿白色T恤
會讓乳頭
透出來

現有事業、商品
或現有服務
↓
無

其他人
也有的興趣
或問題
↓
穿白色T恤
會讓乳頭
透出來

新事業
新商品或新服務
↓
工作時也可以穿、
好看又不透的白T

發售解決露點問題的白T！

↓

目光放在「周邊的興趣或問題」上……

為「穿白色
T恤會露點」之
問題煩惱的人，
還有什麼興趣或問題？
↓
簡約的時尚趨勢、
勞動方式的多樣化、
崇尚有機之興趣
沒有能在正式場合（工作時）穿著、
穿起來很舒服的服裝

新事業、
新商品或新服務
↓
工作時也可以穿、
好看又不透的白T

↓

為「穿白色
T恤會露點」
之問題煩惱的人，
還有什麼興趣或問題？
↓
簡約的時尚趨勢、
勞動方式的多樣化
沒有能在正式場合
（工作時）穿著、
穿起來很舒服的服裝

工作時也可以穿、
好看又不透的白T
↓
典雅的設計、
不透的材質、
有機棉花、
日本製造

↓

「周邊的興趣或問題」也解決了，
這個點子大受歡迎！

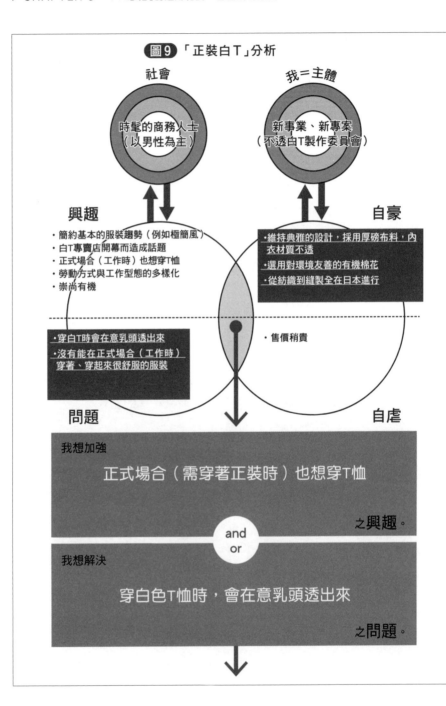

圖9 「正裝白T」分析

社會 　　　　 我＝主體

時髦的商務人士
（以男性為主）　　　新事業、新專案
（不透白T製作委員會）

興趣　　　　　　　　　　　　　　　　自豪

・簡約基本的服裝趨勢（例如極簡風）
・白T專賣店開幕而造成話題
・正式場合（工作時）也想穿T恤
・勞動方式與工作型態的多樣化
・崇尚有機

・維持典雅的設計，採用厚磅布料，內衣材質不透
・選用對環境友善的有機棉花
・從紡織到縫製全在日本進行

・穿白T時會在意乳頭透出來
・沒有能在正式場合（工作時）穿著、穿起來很舒服的服裝

・售價稍貴

問題　　　　　　　　　　　　　　　　自虐

我想加強

正式場合（需穿著正裝時）也想穿T恤

之興趣。

and
or

我想解決

穿白色T恤時，會在意乳頭透出來

之問題。

該怎麼做才能達成？

- 開發出不失正式感的白色T恤
- 使用絕對不會讓乳頭透出來的材質

用文章表現點子！

時髦勞工的福音！可在正式場合（需穿著正裝時）穿的白色T恤登場！

這個點子該怎麼稱呼比較好？

正裝白T

以下面2種觀點檢驗社會的反應！

Inverse	→明明是白色T恤卻不透
Most	→全球首創!? 乳頭不會透出來…
Public	→有超過8成的人在意露點問題
Actor / **A**ctress	→外行人花了2年開發出來
Keyword	→正裝白T
Trend	→職場服裝的多樣化、白色T恤專賣店的出現

and
or

感動的 讓人胸口發熱的 不敢置信的 爆笑的 酷炫的 可愛的 可惡的 具啟發性的 引發討論的 性感的	→明明是白色T恤卻不透！ →好好笑～從來沒看過這麼有趣又實用的T恤！ →好潮！

>> INTERVIEW

> 川邊洋平
> （Yohey Kawabe）

[Profile]

不透白T製作委員會代表，R股份有限公司執行長、創意總監、插畫家。曾任職於電通股份有限公司，爾後自行創業。目前也是特定非營利活動法人（NPO法人）「兒童哲學與大人哲學Ardacoda」代表理事。

○不會露點的白T誕生緣由

原本只是因為「自己想要」才製作的，沒想到最後竟發展成一門生意。獲得的回響超乎預期，老實說我很吃驚。參與NPO法人的活動時，我大多是穿白色T恤，因此之前就很在意乳頭透出來的問題。某天，我把自己穿白T時露點的照片上傳到Facebook，並寫下「請好心人告訴我，哪裡有賣不透的白T？」這句話，結果收到許多諸如「這個問題也很困擾我」、「我也一直在找不透的白T，但都找不到」這類留言。

我心想：「既然找不到，不如自己做吧？」於是抱著如同大學生訂製社團T恤那樣輕鬆的態度，到處打電話詢問，結果那些業者都表示沒辦法做出我想要的白T。這是因為，傳統的白T是「內衣的延伸」，無論布料還是車工都跟內衣差不多。

雖然當中也有布料較厚的白T，但卻有2個問題。第1個問題是，因為布料較厚，所以領口也設計得很寬，看起來太休閒了。第2個問題則是，厚一點的布料雖然不會透出乳頭的顏色，但因為布料很柔軟，

反而會讓乳頭的形狀變得很明顯。這樣一來就沒有意義了，對吧？得知現成的商品無法解決露點問題後，我才決定「既然這樣，不如試著從製作布料著手吧！」。我就是那麼地想要不會透出乳頭的白T。於是最後，我創立了這個新事業。

○心中應該要有一張情感檢查表！

想成功開發新事業、新商品或新服務，就得重視自己的「快樂」心情，否則絕對不會順利。在這層意義上，我的內心打從一開始就有著一張情感檢查表，檢查項目就跟本書所提出的「情感扳機」的10種情感差不多。在你萌生「我想做這個，試著做做看吧！」這種小念頭的初期階段，只要這張情感檢查表有幾個項目打了勾，日後點子問世時基本上都能造成話題。

不如說，要是這張情感檢查表一片空白，我不認為你能靠一己之力成功發起事業。假如只是基於義務而做，不去檢查情感的話，那就不應該做，因為你絕對不會堅持下去。況且，連自己都不感到興奮與期待的東西，別人又怎麼可能會興奮與期待呢？這張情感檢查表要時時擺在心中，我認為這能夠幫助自己運用PR思維創立事業。

○創立新事業需要的是「空閒」

但問題是，勾選了情感檢查表的核取方塊後，自己是否真的會展開行動、堅持到底？以不會讓乳頭透出來的白色T恤為例，應該有100個人左右想到這個點子。可是，為什麼這些人當中，只有我成功實

情感扳機
（10種情感檢查表）

感動的
讓人胸口發熱的
不敢置信的
爆笑的
酷炫的
可愛的
可怕的
具啟發性的
引發討論的
性感的

現了這個點子呢？那是因為我「很閒」。我並不是在開玩笑，要是沒有「空閒」，新事業就會以失敗告終。要讓新事業成功，就不能設置期限與業績目標等課題。重點反而是要讓自己有「空閒」，能夠一直做著喜歡的事。只要有空閒，基本上人都會做快樂的事打發空閒時間。

　　只要一直追求快樂的事，不久就會萌生「把這件快樂的事告訴其他人吧！」的念頭，並且擴散出去。就算勾選了情感檢查表的核取方塊，要是沒有空閒的話，依舊無法創造出新事物。例如著名的Dyson和Mac，就是因為事業主「很閒」才會誕生的。

○獨自一人努力，PR是不會成功的

　　勾選了情感檢查表，空閒時想出來的新事業也順利萌芽之後，接下來就要找人商量、委託別人，我認為這點很重要。其實「正裝白T」這個名字不是我取的。當時有人自告奮勇地表示「我想給這個點子取名字」，我便把這件事交給他了。畢竟我只是想要不會露點的白色T恤，坦白說名字叫什麼都無所謂。

　　不過，換作是對這款白T很有興趣的人，心裡應該就有著「要是商品叫這個名字就好了」這種想法。既然如此，交給這樣的人來決定，反而比較能取出不錯的商品名稱。所以新事業萌芽之後，最好要加入「他人的觀點」。我覺得獨

正裝白T

自一人努力，PR是不會成功的。

○誠實面對自己的情感！

　　我百分之百活得很快樂。快不快樂，是活下去的標準。快樂的事有可能變成事業，也有可能不會變成事業，但因為會令自己很快樂而能持續下去。想要加深某個興趣、解決某個問題也無妨，不過我建議事業主，一開始要先確認「這件事是否觸動了自己的情感？」。

　　什麼？解決露點問題後，「下一個」在意的事嗎？我本來也對「跑步時衣服會摩擦到乳頭」的問題很感興趣，但在得知跑久了乳頭就會變得結實耐磨，再也不會覺得痛之後，我打消了開發商品的念頭，決定好好鍛鍊肉體。最後我靠著流血（真的流血）流汗的努力，終於解決了這個問題（笑）。

不透白T製作委員會的成員

No. 05

〔案例④運用於徵才活動〕

國際汽車（km計程車）「真實徵才／假面就職」

案例介紹

»Background—背景—

在計程車業界，「中途入行」是司空見慣的情形，此外，還存在著員工高齡化速度越來越快之課題。國際汽車約有4800位計程車司機，平均年齡高達52歲，其中60歲以上的司機約占3成。為了克服今後多半會到來的少子高齡化與勞動力不足之危機，公司必須獲得並留住年輕人才。產生危機意識的國際汽車自2010年起，率先招募應屆畢業的社會新鮮人。然而，當年錄取的社會新鮮人只有1人，這樣下去不行，於是該公司在2012年秋天，針對徵才活動著手進行根本的改革。

»Idea—點子—

國際汽車召集公司裡寶貴的年輕人才，組成了徵才團隊，然後傾聽學生的意見，結果發現手寫履歷表（Entry Sheet）與筆試對學生而言是很大的負擔。於是，該公司大幅轉換徵才方針，廢除這些會造成負擔的項目，改為「只需面試」。

2014年秋天，國際汽車將這種徵才方式命名為「真實徵才」，並將董事面試從原本的面對面形式改為座談會形式，目的是希望面試官與學生雙方都不必緊張，能夠展現「真實的自己」說出真心話（圖10）。

2015年1月起，也開始採用另一個新的徵才方針「假面就職」。這是一項前所未聞的徵才計畫，以「想追逐夢想的人」與「尚未找到想做的事而放棄就業的人」為對象，讓他們不必選擇當「飛特族」（Freeter，指靠兼職工作維生的人），能夠以「正職員工」的身分展開職涯，「支援他們的夢想或想做的事」。

»Result—結果—

2010年只招募到1名社會新鮮人，但到了2014年就突破100人，2015年有

111人，2016年有84人，2017年有143人，人數成長得很順利。

　　獲得年輕人才後，公司的整體氣氛變得比以前開朗，充滿朝氣與活力。除此之外，據說許多媒體都報導了該公司積極主動的徵才活動，這也為員工帶來榮譽感與自信。

圖10 真實徵才

「真實徵才」的特色

「真實徵才」的3項徵才方針

「真實徵才」

https://www.km-recruit.jp/special/arinomama/

◎ 國際汽車的案例值得學習的地方

國際汽車為什麼能實施這麼「積極主動」的徵才活動呢？

重點在於，該公司真誠傾聽溝通對象「應屆畢業的求職學生」的意見，從中發現求職學生的各種大小「問題」，並且針對問題陸續實施改善方法。

大多數的企業雖然注意到求職學生們有著「無法在求職時徹底展現自己」、「尚未找到自己想做的事」這類問題，卻沒打算改變傳統的徵才流程來解決這些問題。反觀國際汽車，他們自知大眾對計程車這一行抱持負面的印象，從年輕員工到高層都想打破這樣的現狀，因此全員帶著決心實施這些改革。這是一項反過來利用「自虐」、勇氣十足的挑戰。

關於本案例的詳情，請看P.126的專訪。國際汽車執行董事川田政先生表示：「徵才就跟結婚一樣，重要的是雙方能否展現『真實』的模樣、能否互相吸引。」就像他說的，該公司先是推出「真實徵才」，接著又推出「假面就職」（以正職員工身分，一邊工作一邊追逐夢想），2017年也展開從真實徵才進化而來的新徵才方針「赤裸裸徵才」（圖11）。

不少企業著重於擬出一項絕佳的計畫，然後帶著堅定的意志持續執行該項計畫，但以「PR思維」來看，這麼做未必恰當。

這是因為，社會大眾「反覆無常」。即使現在有反應，明天、1個星期後或是明年，不見得會有同樣的反應。該公司敏銳察覺「此時」社會有著什麼樣的問題或興趣，然後迅速地逐一實施適切的處理方針，筆者認為這樣的態度很值得效法。

另外，這些措施的名稱也取得不錯。尤其是「假面就職」，此名稱是模仿「假面浪人」這個早已出現在社會上的名詞，因此當社會大眾聽到這個名稱時，很快就能理解「是這個意思」，也很容易留下印象。推動PR時，取一個溝通速度快的名稱是非常重要的。P.124的圖

12，是用「核心點子的創造與檢驗架構」分析真實徵才與假面就職等措施，請各位參考看看。

圖11 假面就職／赤裸裸徵才

「假面就職」

https://www.km-recruit.jp/special/mask/

「赤裸裸徵才」

https://www.km-recruit.jp/shinsotsu/supponpon/

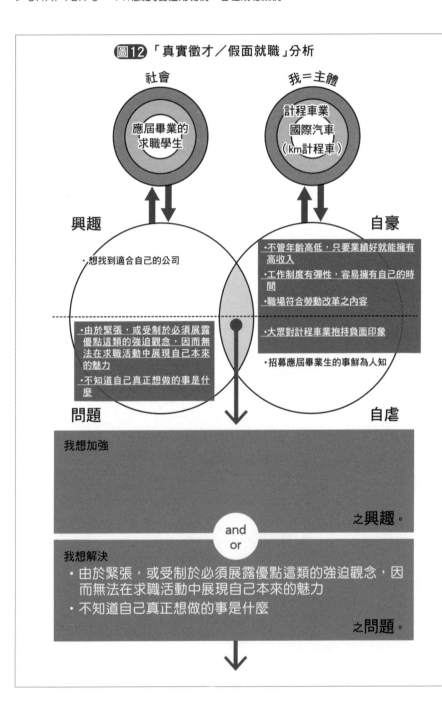

圖12 「真實徵才／假面就職」分析

社會　　　　　我＝主體

應屆畢業的求職學生

計程車業
國際汽車
（km計程車）

興趣　　　　　　　　　　　　　　　　　自豪

・想找到適合自己的公司

・不管年齡高低，只要業績好就能擁有高收入
・工作制度有彈性，容易擁有自己的時間
・職場符合勞動改革之內容

・由於緊張，或受制於必須展露優點這類的強迫觀念，因而無法在求職活動中展現自己本來的魅力
・不知道自己真正想做的事是什麼

・大眾對計程車業抱持負面印象

・招募應屆畢業生的事鮮為人知

問題　　　　　　　　　　　　　　　　　自虐

我想加強

之興趣。

and
or

我想解決
・由於緊張，或受制於必須展露優點這類的強迫觀念，因而無法在求職活動中展現自己本來的魅力
・不知道自己真正想做的事是什麼

之問題。

該怎麼做才能達成？
- 採用全新的徵才方式，讓雙方用不著緊張或誇大自己，能夠展現真實自我
- 將求職者僱用為正職員工，直到對方找出想做的事為止

用文章表現點子！
- 展現真實的自己就OK！學歷不拘，免筆試，重視面試的全新徵才方式正式啟用！
- 可在找到真正想做的事後離職的徵才方針新登場！別當飛特族，以正職員工的身分工作吧！

這個點子該怎麼稱呼比較好？
- 真實徵才
- 假面就職

以下面2種觀點檢驗社會的反應！

Inverse　　→明明是求職活動，卻不用誇大自己／騎驢找馬也OK

Most　　→從沒聽過這種徵才方式

Public　　→有利於求職者的就業戰線／飛特族問題

Actor / Actress

Keyword　　→真實徵才／假面就職

Trend

and
or

感動的
讓人胸口發熱的
不敢置信的　　→面試官很認真地聽自己說話！
爆笑的　　→明明是求職活動，卻可以騎驢找馬!?
酷炫的
可愛的
可惡的
具啟發性的　　→趕快告訴正在找工作的朋友！
引發討論的
性感的

>> INTERVIEW

川田政
Masashi Kawada(左)
國際汽車股份有限公司
執行董事　人才錄用培訓負責人

青木雅宏
Masahiro Aoki(右)
國際汽車股份有限公司
管理部　人才錄用課　股長

○徵才大改革的提示就在學生身上！

川田：在少子高齡化與勞動力不足之問題漸趨嚴重的狀況下，若想持續確保人才，必須讓計程車司機變成應屆畢業生願意選擇的職業，否則公司就無法存續。我們抱持著這樣的危機意識，從2010年開始招募應屆畢業生，但因為對象與徵才條件不同於中途入行，剛開始的時候經歷了一連串的艱辛。舉辦說明會或選拔會時，常有求職學生在當天取消報名，實際到場的人數總是跟事前報名的人數有落差。當時，應屆畢業生徵才活動已逐漸轉為求職者挑公司的狀態，取消參加說明會或面試對學生而言已是家常便飯。

　　我們希望能盡量減少這種情況，在詢問學生的意見後發現，取消原因大多是「寫履歷表時要是寫錯了就得重寫，實在很麻煩，所以就取消了」、「來不及準備筆試，所以乾脆不去了」。既然傳統的徵才

方式對學生來說太過困難，不如廢除履歷表與筆試，重視面試吧！於是我們大幅轉換方針，推出學生與企業能互相展現真實自我、敞開心胸對談的「真實徵才」。

青木：為了讓學生展現「真實」的魅力，我們也把董事面試從面對面形式改為座談會形式。董事和學生交互圍成一圈坐下來，擔任司儀的員工負責發問，除了學生之外，董事也要回答同一個問題。例如：「你喜歡我們公司的哪個地方？」當然，我們不會在事前告訴董事題目，所以他們也很緊張。不過，因為能體會到學生的心情，氣氛反而變得很自在。明明是董事面試，現場卻笑聲不斷。

○普通的方法是無法接觸到學生的！
利用強烈的衝擊印象躍上新聞版面！

川田：「假面就職」這個名稱的靈感，來自於「假面浪人」（已就讀某間大學，卻準備重考其他大學的人）一詞。看到數據顯示，約有1成的大學畢業生成為飛特族時，我們覺得很可惜。當中也有人是因為「找不到想做的事」、「找不到想做的工作」，才選擇成為飛特族吧。但是，根據某項調查，大學畢業者的終身薪資（扣除退休金），

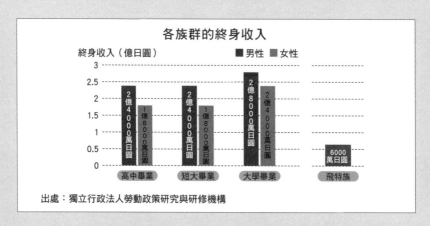

各族群的終身收入

終身收入（億日圓）　　■男性　■女性

- 高中畢業：男性 2億4000萬日圓，女性 1億8000萬日圓
- 短大畢業：男性 2億4000萬日圓，女性 1億8000萬日圓
- 大學畢業：男性 2億8000萬日圓，女性 2億4000萬日圓
- 飛特族：6000萬日圓

出處：獨立行政法人勞動政策研究與研修機構

男性是2億8000萬日圓，女性是2億4000萬日圓。反觀飛特族，卻只有6000萬日圓，兩者相差約1億8000萬日圓～2億日圓以上。因此，我們才推出「假面就職」的方針，讓畢業生在本公司當正職員工，一邊工作一邊尋找真正想做的事，或是追求自己的夢想。公司內部當然也有人持反對意見，質疑顧客把性命託付給我們，我們卻允許員工「騎驢找馬」，這樣真的沒問題嗎？

青木：這就表示，這個名稱很有「衝擊性」。但是，當時計程車司機還不是一種無需任何宣傳，就能引起求職學生興趣的職業，因此我們必須先引起求職學生及社會的注意，讓他們了解這個行業。要達成這個目標，就不可缺少「假面就職」這個令人印象深刻的名稱。

川田：於是我們先說服社長。我們認為「假面就職」不僅是確保人才的點子，同時也是能以企業的立場，為「飛特族」這個社會課題貢獻一點心力的點子。我們不斷解釋，這個點子的意義有多麼重大，以及為何需要如此強烈的衝擊性。我想，社長應該也感受到我們的熱情了，最後，高層終於決定「那就試試看吧！」。

青木：假如學生不積極進行求職活動，就算我們拚命在求職網站上刊登資訊，他們也完全不會去看。普通的方法，是無法讓這些學生接收到徵才資訊的。我們必須主動前往他們會看的地方。
因此，得花心思出現在求職網站以外的地方，例如：網路新聞或是社群媒體。

川田：正式推出「假面就職」後，過不了多久，這項消息就出現在「統整網站」上，並且登上網路新聞。結果，有位不曾進行求職活動的金澤大學（石川縣）學生，說他在網路新聞上看到這個消息，專程為了參加面試而來東京住了兩天一夜。他現在是管理百人小組的司機班長之一，正在本公司大展身手。

○拉攏家長與大學就業輔導組！

川田：應屆畢業的求職學生周遭，也有課題要解決。當時，對職業選擇有極大影響力的家長，以及大學的職涯發展中心（就業輔導組），都很反對學生到本公司就職。

青木：我想是因為，他們對計程車司機這個職業的印象不太好。不過，只要仔細觀察，應該就能了解本公司的優點。所以我們才想，除了面對每一位學生之外，也要真誠地面對家長以及職涯發展中心。

川田：於是，我們決定先向內定者的家屬舉辦公司說明會（Open Company）。通知60名內定者後，有20多組家屬報名參加，這讓我們很吃驚，沒想到家屬這麼感興趣。由於反應不錯，自2015年9月起，我們每個月都會舉辦1次。本公司也很積極拜訪大學，去年社長與專務就跟年輕的校友司機，一起拜訪了120～130間關東圈的學校。2017年還向大學的職涯發展中心主任舉辦公司說明會。經過這些努力之後，現在大學也對本公司非常友善。

○「變化」是引發「下一個變化」的動力！

川田：我們不是從零開始，而是從負面印象起步，因此PR的力量非常重要。我們也跟企劃、公關室合作，無時無刻都在思考，這項徵才計畫是否具有重大意義、是否具有吸引媒體關注的衝擊性，能否令社會大眾

青木雅宏 先生

129

公司說明會的現場情形

正面看待。世上多的是範本，其他業界也有不少可以參考的措施。目前我們正以「烏龍麵vs蕎麥麵」這類對立結構為參考範本，擬定新的計畫（笑）。

青木：我們之所以能夠冷靜觀察社會如何看待本公司及計程車司機這項職業，都要多虧那群應屆錄取的員工。之前我們很難得知年輕人的想法與價值觀，他們進入公司後，要獲得年輕人的意見就沒那麼困難了。結果，我們不只意識到自己帶給大眾負面的印象，也能跟具備新思維的年輕人一起思考，該怎麼做才能掃除這種印象。
除此之外，還有其他的正面變化。那就是，計程車營業所之類的現場氣氛變得很開朗。剛開始，因為新鮮人司機大多有駕照卻鮮少開車，再加上缺乏社會常識，現場員工經常抱怨「教育他們很費心力」。然而現在，資深司機都把新鮮人當成自己的孩子疼愛，比以前更有活力。我們認為，現在正是「應該改變的時刻」。目前已經確實感受到變化，而這些變化的累積，也會成為思考下一步的動力。

川田：自從展開積極主動的徵才計畫之後，我就常在各種地方聽到別人說「我看到km計程車的新聞了！」。第一線的員工也常聽見乘客

這麼說。大家雖然嘴巴上說：「哎呀，這沒什麼啦」其實心裡都很高興。我想他們應該都覺得與有榮焉。我很希望計程車司機與km計程車，能夠逐漸變成令全體員工引以為傲的職業與公司。這個部分應該也反映了PR的成效。今後我們也要繼續增加km計程車的粉絲。

川田政 先生

COLUMN 「競爭優勢」與「資訊優勢」

　　從Vegefru Farm的「重金屬社歌」衍生出來的「趣味社歌」，以及國際汽車（km計程車）的「真實徵才」這2個名稱，皆在媒體影響力的加持之下，很快就被當成一般名詞使用了。也就是說，「趣味社歌」與「真實徵才」，都變成代表「社會現象」的名詞。

　　除了這2個例子之外，「婚活」、「朝活」（利用早上上班前與假日的早晨這段時間充實自己）、「菌活」（常吃香菇或發酵食品，增加身體裡的好菌）、「草食系男子」、「理系女子（理科女）」等等，也是代表社會現象的名詞。相信大家都有所耳聞吧？

　　如同上述的例子，當社會上某些社群的「興趣」或「問題」，因某個關鍵字而浮上檯面並形成社會現象時，「資訊優勢」這個概念就變得很重要。

　　「資訊優勢」是指，在群眾可獲得的「資訊的質與量」上處於優勢的狀態。

　　反之，在實際的「銷售金額或流通量」等競爭上處於優勢地位的狀態，則稱為「競爭優勢」。

　　舉例來說，新聞把國際汽車與其他企業，為了防止人才錯配（Mismatch）而精心設計的各種徵才方式，全都稱為「真實徵才」。「真實徵才」本身變得熱門固然重要，但要是大眾把其他企業視為「真實徵才的代表」，可就讓創始者捶心肝了。因此，國際汽車很努力地充實網站資訊，讓有關國際汽車「真實徵才」的資訊，成為Google搜尋上最熱門的資訊。換句話

說，就是全力讓社會將國際汽車視為「真實徵才」的代表選手（＝保住「資訊優勢」之地位）。

再舉另一個例子吧！假設在巧克力業界，A公司因全年業績亮眼而具有「競爭優勢」，競爭對手B公司則難以在巧克力市場發揮存在感。不過，假如B公司看準情人節商機，在網路上提供有關「今年流行的情人節禮物選法與送法」的豐富資訊，藉此吸引大眾的關注，結果會怎麼樣呢？如此一來，當群眾在網路上搜尋今年情人節的流行趨勢時，便會「找到B公司的資訊」（＝具有資訊優勢）。也就是說，無論有無「競爭優勢」，B公司都能在市場上發揮存在感。

如同這個例子，就算是銷售金額或流通量位居第2以後的企業，只要設法在有關該領域的「資訊的質與量」上位居第1、具

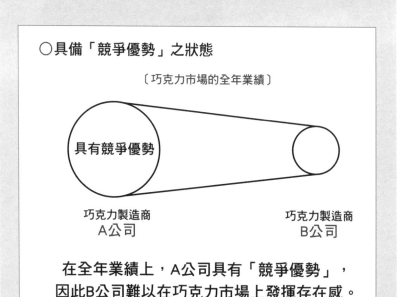

○具備「競爭優勢」之狀態

〔巧克力市場的全年業績〕

具有競爭優勢

巧克力製造商
A公司

巧克力製造商
B公司

在全年業績上，A公司具有「競爭優勢」，
因此B公司難以在巧克力市場上發揮存在感。

備「資訊優勢」，就能發揮很大的存在感，説不定還有可能換來「競爭優勢」。另外，位居第1的企業，也必須持續在「資訊面」上保持最詳盡的狀態。

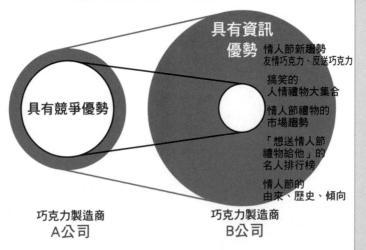

○具備「資訊優勢」之狀態

〔有關今年流行的情人節禮物選法與送法的資訊〕

具有資訊優勢

情人節新趨勢
友情巧克力、反送巧克力

搞笑的人情禮物大集合

情人節禮物的市場趨勢

「想送情人節禮物給他」的名人排行榜

情人節的由來、歷史、傾向

具有競爭優勢

巧克力製造商
A公司

巧克力製造商
B公司

假如B公司在情人節期間，
設法在有關「今年流行的情人節禮物選法與送法」的
資訊上具備「資訊優勢」，當群眾調查這類資訊時，
就會找到B公司的資訊。

由於B公司在情人節禮物的資訊網中發揮了存在感，
群眾心裡便會產生「說到情人節禮物，就會想到B公司」之印象。
只要保持這種印象，對於實際的競爭方面也會有良好的影響。

CHAPTER

6

「PR手法」的基礎

No. 01

想強化自己跟社會的「接觸點」，並無「致勝招數」可用！

本章要探討的是，按照「PR思維」使用「交食模式」等方法構思點子或資訊後，「**該如何傳達給社會（社群或族群）才好？**」。

第2章曾提過，推動PR時首先該做的事，就是找出將「我（自家公司或品牌）」與「社會（社群或族群）」連結起來的，是什麼樣的「興趣」或「問題」，也就是兩者的「接觸點」。只要強化這個接觸點，不久就會從「點」變成「面」，「我」與社會的關係也會變得更加深厚。

「將想出來的點子公諸於世」的行為，無疑就是「強化接觸點」的行為。

想強化接觸點，其實並沒有什麼「致勝招數」可以用。事實上，第5章介紹的各家公司，都是運用各種方法試圖強化接觸點。舉例來說，Vegefru Farm為了推銷「重金屬小松菜」，發行了重金屬社歌「小松菜伐採」的CD。國際汽車（km計程車）則針對一般求職者（中途入行）舉辦「通宵說明會」，該說明會舉辦的時間定在「星期五晚間10點到星期六清晨5點」，讓求職者能等下班之後再去參加，活動內容是現場觀摩計程車司機的工作、到計程車司機常去的店一起吃拉麵、體驗營業所裡猶如公共澡堂的大浴池……等等，據說目前該公司正計畫向應屆畢業生舉辦同樣的活動。

如同上述的例子，**只要能引發社會的正面反應、建立良好的關係，原則上「做什麼都可以」**（圖1）。

創造吉祥物，或是跟其他企業合作等手法，某些時候也能有效強化接觸點。廣告與電子報同樣是強化接觸點的手法之一。

除此之外，PR的基本活動「獲得公共報導（請媒體當成新聞刊登

或播報）」當然也包含在內。本書的緒論，將「PR手法」定義為「獲得公共報導所用的手段或技術」，**要與社會建立關係時，公共報導更是基本且重要的項目**。因此，筆者將從下一節起，為各位詳細說明公共報導這個項目。

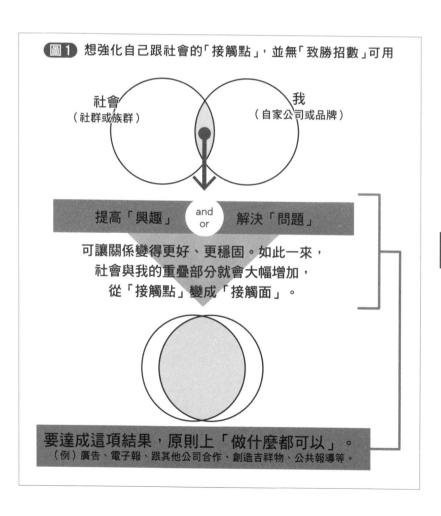

圖1 想強化自己跟社會的「接觸點」，並無「致勝招數」可用

社會
（社群或族群）

我
（自家公司或品牌）

提高「興趣」 and or 解決「問題」

可讓關係變得更好、更穩固。如此一來，
社會與我的重疊部分就會大幅增加，
從「接觸點」變成「接觸面」。

要達成這項結果，原則上「做什麼都可以」。
（例）廣告、電子報、跟其他公司合作、創造吉祥物、公共報導等。

No. 02 「公共報導」既基本又重要！

　　接下來，我們就來談談「PR手法」，也就是「獲得公共報導（企業或團體，將經營策略或商品、服務之類的資訊提供給媒體，當成新聞刊登或播報）所用的手段或技術」吧！

　　為什麼說公共報導對「我」與社會的關係建構很重要呢？這是因為，只要獲得公共報導，就能將關於「我」的資訊分享給社會大眾，這樣一來，**會比較容易激發出想溝通的社群或族群的反應**，甚至有可能給對方的態度或想法造成某種影響。換句話說，**公共報導是關係建構的「軸心（Hub）」**。所以才會說，當「我」要與社會建立各種關係時，獲得公共報導是基本且重要的活動（圖2）。

　　如同本書一再強調的，若想獲得公共報導，就得依據「PR思維」構思點子或資訊才行。

　　不過，就算點子或資訊是依據「PR思維」構思出來的，**假如「形式」不易被媒體接受，仍然有可能無法被報導。**

　　媒體也是由「人」經營運作的，每一種媒體、每一位記者的特性各不相同，喜歡的溝通方式也不一樣。熟知這些「眉眉角角」，是獲得公共報導的第一步。下一節就為大家介紹最具代表性的做法。

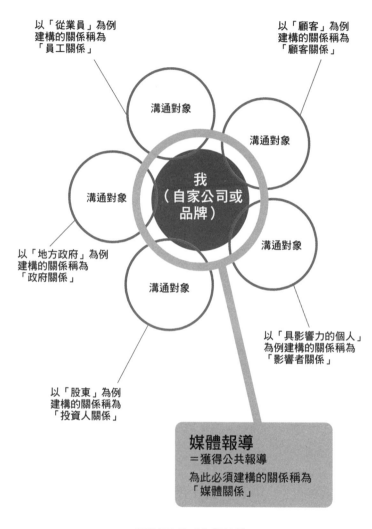

圖2 各式各樣的關係與公共報導的意義

以「從業員」為例建構的關係稱為「員工關係」

以「顧客」為例建構的關係稱為「顧客關係」

溝通對象

溝通對象

我
（自家公司或品牌）

溝通對象

溝通對象

以「地方政府」為例建構的關係稱為「政府關係」

溝通對象

以「具影響力的個人」為例建構的關係稱為「影響者關係」

以「股東」為例建構的關係稱為「投資人關係」

媒體報導
＝獲得公共報導

為此必須建構的關係稱為「媒體關係」

獲得公共報導，
是各種關係建構的「軸心」！

No. 03

絕對要學起來的「PR手法」代表例子

○「新聞稿」是最基本的手法

「PR手法」其實也有各式各樣的做法。圖3是具代表性的PR手法一覽表,建議各位最好當成「標準裝備」先學起來。

PR人最熟悉的手法,應該就是「新聞稿(News Release)」了。筆者先為還不清楚的人解説一下吧!

當「我(自家公司或品牌)」希望媒體知道自己的事情時,即使突然打電話過去或是登門拜訪,對方也不太可能會理「我」。首先該做的事,是整理新商品或新服務的概要與開發背景,而這份文件就是新聞稿。

如果有媒體對這份新聞稿感興趣,又問了其他的問題,只要迅速回應媒體,「我」的事就比較容易變成新聞報導被刊登出來。

話雖如此,真正能成為新聞的,只有一小部分而已。媒體每天都會收到幾十份、幾百份的新聞稿,如果「題材」不夠特別,就很難吸引媒體的目光。

若想製造出特別的「題材」,就得充分運用前面介紹過的「PR思維」。如果你有「發出一堆新聞稿,卻從來不曾獲得公共報導」這種煩惱,請你重新檢查寫好的內容,試著依據「PR思維」重新組織一遍。按照「PR思維」建構出「好題材」之後,再調整成媒體熟悉的固定「形式」,然後發送出去。這是獲得公共報導的基本方法。

名稱	概要
新聞稿 （又稱為Press Release或Release）	為了通知媒體有關企業活動（例如高層人事異動、公司合併、創立新事業、開發或發售新商品）的新聞題材，重點整理活動內容所寫成的文件。新聞稿的內容，**原則上為尚未發表的資訊**，因此發布時必須正確定出發表日期與時間，同時向所有媒體公開資訊。新聞稿也有一定的規則，例如必須包含的內容、必須遵照的格式等等。
概況報告書 （Fact Book，又稱為報導用基礎資料）	以企業擁有的技術、商品或服務的特性、開發背景、開發者資料等客觀事實（Fact）整理而成的資料。有別於新聞稿，內容大多是彙整過的現有資訊或深入資訊，因此沒必要向所有媒體公開，通常都是發送給有可能感興趣的媒體，或當作個別宣傳的資料運用。
記者發表會	當企業發生高層人事異動、公司合併、創立新事業、開發或發售新商品之類的情況時，邀請媒體齊聚一堂，發表事件內容、說明詳情的活動。**原則上以尚未發表的資訊為主，並且同時發布新聞稿。**
媒體巡訪 （Media Caravan）	企業的PR人員於某段期間密集拜訪數個媒體，向記者或編輯進行簡報，介紹新商品或新服務，或者提供相關資訊。 ※注意，「巡訪」是站在企業角度的說法，從媒體的角度來看，這算是個別拜訪。
個別宣傳	企業的PR人員直接拜訪媒體記者或編輯，針對新商品或新服務進行簡報，或提供相關資訊。要根據每個媒體的傾向或特性，預測該商品或服務在何種情境下比較容易獲得接受，然後配合情境個別準備新聞題材，這點很重要。

図3 PR手法的代表例子

CHAPTER

6

No. 04 運用「公共報導檢測」來檢查要素！

◎ 新聞稿資訊不可缺少3項要素

　　如同前述，若想透過「PR手法」，將依據「PR思維」構思出來的點子或資訊成功傳達給媒體，就必須選用媒體熟悉的固定形式（例如上一節介紹的新聞稿），也就是要選擇正確的「手段」。本節就來學習可將「手段」的效果最大化的「技術」吧！

　　若要讓新聞稿或概況報告書的內容，抑或記者發表會、媒體巡訪、個別宣傳所說明的內容，更容易成為公共報導的對象，就必須檢查內容是否包含以下3項要素。這種做法稱為「公共報導檢測」，是筆者很推薦的檢測方法（圖4）。

・證據
・內容
・人

　　換句話說，提供給媒體的資料，就算寫得再多再長，只要內容不包含這3項要素，就不太可能成為公共報導的對象。

　　當然，即便缺乏某項要素，依舊有可能變成新聞，不過若想盡量提高成功率，就一定要檢查有無包含這3種資訊。

◎ 證據、物、人是「事」的構成要素

　　公共報導檢測的3項要素，是筆者將媒體的新聞報導「因數分解」後得出的構成要素。筆者認為，透過新聞更加深入地介紹，能夠加深

142

圖4 由3項要素組成的「公共報導檢測」

證據	物	人
● 造成現象的社會潮流 ● 可佐證現象的數字或研究	● 象徵現象的商品或服務、現象的具體事例	● 現象的體現者 ● 現象的傳誦者
（例） 法律修正、官方數據、調查、研究、銷售資料……等等	（例） 場所、商品、祕訣、畫面等具體例子……等等	（例） 現象的體現者（群眾、影響者）、現象的傳誦者（專家、專業媒體、企業內部人員）……等等

Point

Point

Point

● 如果符合社會動向（例如法律修正、社會趨勢），就比較容易變成新聞

● 除了自家公司調查的資料外，也要準備可縱觀整個市場的外部資料

● 如果是龍頭製造商的話，自家公司的市場預測或分析也具有資訊價值

● 由於媒體站在中立的立場，原則上大多會列出3個具體事例

● 考量到提供的資訊未必都一定會獲得採用，最好盡量多從各種角度蒐集事例

● 不要只想到同一個市場的「物」

● 不是商品本身也無妨

● 由於報導多以企業色彩薄弱的第三者（群眾、影響者、專家等）意見為優先，最好找外部的談論者（採訪對象）現身說法

● 如果是企業內部人員的意見，由於媒體大多會採訪數家公司，因此負責人員最好事前整理好自家公司的特色

大眾對「我（自家公司或品牌）」的理解，於是分析了報紙的生活版與電視節目的特輯。結果發現，登上媒體的新聞，大多都可以分解成「證據、物、人」這3項要素。

具備這3項要素的報導或節目，究竟是在介紹什麼呢？那就是「事」，也就是社會現象。

圖5是報紙新聞的範例，內容為「今年的巧克力流行趨勢是『健康』」之「社會現象（事）」。這篇「社會現象」的說明中，提到了市場資料、A公司的業績數字、B公司準備增產的事實（證據），並且介紹了A公司、B公司、C公司的巧克力商品（物），以及A公司開發室的照片與開發人員X經理的意見（人）。

從這篇新聞反推回去可知，事先將「證據、物、人」這3項要素，放進新聞稿、概況報告書或記者發表會的簡報內容裡，是很重要的。

新聞本來就不是「為了宣傳企業」而存在的。媒體追求、報導的是某企業的言論或行動（包括經營本身與商品或服務）「對民眾的生活有何影響？」、「會引發何種變化？」這類社會現象。

反過來說，只要企業的言論與行動是構成「社會現象」的要素，獲得媒體報導的機會就會增加，也就是更容易獲得公共報導。

圖5 構成事（社會現象）的證據、物、人

□＝證據　　□＝物　　□＝人

巧克力的季節
今年的關鍵字是健康

又到了品嚐美味巧克力的季節。最近「健康取向」的巧克力逐漸成為主流

雖然國內的零食市場發展停滯不前，巧克力的業績卻持續成長，這要歸功於銀髮族的貢獻。根據總務省調查，銀髮族的巧克力支出額增加了1.5倍。

A公司的開發室

巧克力的市場趨勢

A公司在今年9月，推出了保健食品「○○」巧克力。

由於能抑制脂肪與糖的吸收，該商品廣受女性青睞，銷售量是當初預估的3倍以上。

A公司的開發人員X經理表示，這是一款兼顧健康與美味的巧克力。

另外，B公司也推出了「○○」巧克力，富含具抗氧化作用的多酚。該商品十分熱銷，現已準備從9月起增產。

C公司則販售具整腸作用的「○○」巧克力，大受消費者歡迎。

製造商不打價格戰，而是為商品增添附加價值，如此一來，也能防止商品低價化。看來健康取向的巧克力將掀起一波熱潮。

COLUMN 實施公共報導檢測時的重點

利用「公共報導檢測」檢查新聞稿或概況報告書的內容時，也要以「證據、物、人是否只包含與『我（自家公司或品牌）』有關的資訊？」之觀點來檢驗。

原因在於，新聞稿或概況報告書的內容，本該是依據「PR思維」構思出來的點子或資訊才對。

因此，除了「我」之外，目光應該也要放在「社會」（某個社群或族群）上，把有關「興趣」或「問題」的事一併寫進去。

假如寫好提供給媒體的資料之後，用「公共報導檢測」檢查，卻發現內容全是關於「我」的資訊，那就白費你特地運用「PR思維」構思了。這樣實在太可惜！

不過，新聞稿畢竟是「我」的官方文件之一，塞不下外部的資料、商品或人等「社會」的資訊也是很常見的煩惱。

這種時候，請把「社會的興趣或問題」整理在另一份文件上，並且記在腦子裡，然後在個別宣傳時運用這些資訊。

光是這樣，結果應該就會大大不同。

CHAPTER

7

數位時代的PR手法

No. 01　PR手法也隨著數位化而「擴張」！

　　第六章介紹了如何運用「PR手法」，將依據「PR思維」構思出來的點子或資訊，成功傳達給媒體的「做法」。

　　不過，在現今這個數位化的時代，我們能夠只把傳統的大眾傳播媒體（電視、報紙、雜誌、廣播）視為「媒體」嗎？以前説到媒體，或許就是指「大眾傳播媒體」，可是現在卻不一樣。隨著數位化的發展，「我（自家公司或品牌）」的資訊，除了透過大眾傳播媒體發布之外，也能「直接」傳達給群眾。

　　不僅如此，這些資訊還會透過社群媒體，在群眾之間流傳（圖1）。

　　也就是説，現已邁入「全民皆記者的社會」，每一位群眾都跟大眾傳播媒體一樣，具有收發資訊的功能。

　　因此，數位時代的PR手法，除了利用傳統的大眾傳播媒體，當然也得把「群眾」這個新媒體（包括社群媒體）考量進去才行。

　　這代表**「公共報導」**的意思也隨著數位化而擴張了。

　　我們可將數位時代下的「公共報導」定義，擴大為：除了大眾傳播媒體之外，「**也要請『群眾』這個新媒體（包括社群媒體）『發布資訊』**」。不消説，「**PR手法」的涵蓋範圍，當然也隨之擴大。**

圖1 因數位化而改變的企業與群眾關係

■過去（以大眾傳播媒體為主的時代）
「我」的資訊，是透過大眾傳播媒體
（電視、報紙、雜誌、廣播）傳遞。

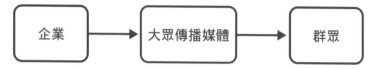

■現在（全民皆記者的社會）
「我」的資訊，可直接傳遞給群眾，
而且資訊會在群眾之間流傳。
每一位群眾都跟媒體一樣，具有「收發資訊的功能」。

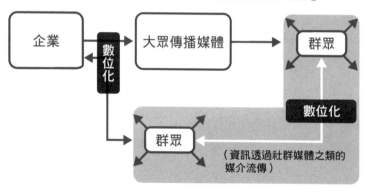

隨著數位化而擴張的「公共報導」定義

＝

除了大眾傳播媒體之外，
也要請「群眾」這個新媒體
（包括社群媒體）「發布資訊」

No. 02

跟隨數位時代的浪潮！

　　如同前述，現在的群眾具有「跟媒體一樣的功能」。我們先重新確認一下，隨著數位化而擴張的「PR手法」定義吧！

　　我們可將數位時代的PR手法定義為：「**除了大眾傳播媒體之外，也要請『群眾』這個新媒體（包括社群媒體）『發布資訊』，為了達成這個目標所使用的手段或技術**」。

　　那麼，我們可以用同樣的方式，接觸「傳統媒體」與「群眾這個新媒體」嗎？答案是「NO」。

● 群眾也有獨特的習慣！

　　第六章提到，「（大眾傳播）媒體也是人，每個人喜歡的方式各不相同」。不過，畢竟大眾傳播媒體是傳遞資訊的「專家」，他們仍有著某些規定與適合溝通的固定形式。

　　反觀「群眾」，雖然具備了「媒體功能」，**但絕大多數的人鮮少意識到「自己是媒體」**。

　　由於他們具備的媒體功能並非使用於「工作」，也沒受過媒體專業訓練，所以**有可能表現出更加自由、意想不到的反應**。因此，接觸他們時必須更加「謹慎」才行。現代的群眾，總是隨心所欲地在數位空間裡來來去去，從散布在這裡的資訊當中，自由地選擇、挑出「自己想要」的東西來利用。這已經可以算是數位時代的習慣了吧。

　　俗話說「入境隨俗」，若想拉攏數位時代的新媒體，也就是「群眾」的話，就得**跟隨數位時代的浪潮走，「PR手法」也必須更新升級才行**。因此，從下一節起，筆者將為各位介紹數位時代的PR手法不可或缺的5個觀點。

這5個觀點，是促進「PR手法」適應數位時代的「驅動因素」
（圖2）。

圖2 驅動數位時代「PR手法」的5個觀點

運用這5個觀點，
驅動能適應時代的「PR手法」!!

No. 03

〔PR手法的驅動因素①〕

直接

● 與裝置之間的距離變近了！

第1種驅動因素是「**直接（Direct）**」。自從進入數位時代以後，「我（自家公司或品牌）」與群眾「直接」溝通的機會就變多了。

「我」與社會（社群或族群）建構關係的手法，也隨之起了很大的變化。

透過裝置溝通的距離，亦隨著數位化而有所改變，請各位先記住這個大前提。

現在想像一下觀看「電視」時的情形。應該有不少家庭在看電視時，會跟電視機保持至少2公尺左右的距離。也就是說，自己與電視機之間保持著2公尺的距離，這2公尺即是「別人有可能跟自己一起觀看的距離」。因此，就算電視播出自己不喜歡的節目或資訊，我們也會因為顧慮一起觀看的旁人而「繼續看下去」。換言之，**看電視可說是一對自己不喜歡的內容「容忍度」較高的行為**。

除此之外，能夠容忍「**跟別人一起看**」的狀態，也可說是看電視這項行為的特徵。

但是，如今是智慧型手機的全盛時代。觀看智慧型手機時，頂多只會保持10公分左右的距離。這大概是到目前為止，人類史上最私人的資訊取得空間了。

再者，請各位想像一下。當自己正在觀看手機時，如果有人從旁邊偷看，你會不會不愉快？筆者認為，這就證明了**你認為智慧型手機是「只有自己能看的東西」**，跟電視機不一樣。

文化人類學家愛德華・T・霍爾（Edward T. Hall），在著作

《THE HIDDEN DIMENSION》（暫譯：隱藏的空間，Misuzu Shobo／1970年）中，使用了「Proxemics（接近學、人際距離學）」這個新名詞，定義與人共享空間時的距離感（**圖3**）。相信各位看了圖3之後，應該就能理解智慧型手機與電視機的距離感並不相同，前者為「情人與家人」，後者為「工作關係」。

那麼，當「只屬於自己」的智慧型手機，顯示出「自己不喜歡的內容」時，各位認為會發生什麼事呢？

使用者應該會把它視為「打擾舒適空間的東西」，在此當下，這個東西就會變成「**無法容忍的資訊**」，對吧？

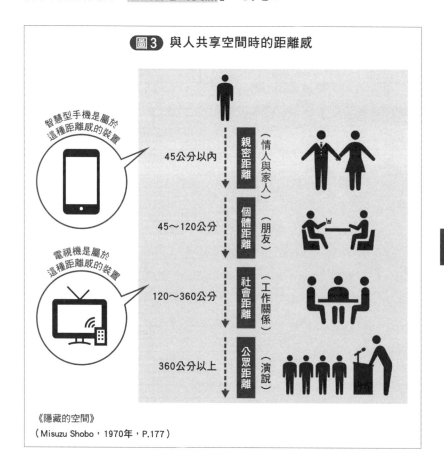

圖3 與人共享空間時的距離感

智慧型手機是屬於這種距離感的裝置

電視機是屬於這種距離感的裝置

45公分以內　　親密距離（情人與家人）

45～120公分　　個體距離（朋友）

120～360公分　　社會距離（工作關係）

360公分以上　　公眾距離（演說）

《隱藏的空間》
（Misuzu Shobo，1970年，P.177）

　　如今，大多數的群眾都能透過智慧型手機取得資訊，「我（自家公司或品牌）」在發布資訊時，必須考量到這類環境變化與心理變化，否則群眾不會接受「我」的資訊。

　　也就是說，在能跟群眾「直接」溝通的現在，**「我」應該改採適用於「群眾」的溝通方式，而不是適用於大眾傳播媒體的方式**。

　　第1個驅動因素「直接」的意義就在這裡。

● 必須花心思觸動情感或感性！

　　從前，當「我」想提供資訊給大眾傳播媒體時，都會將資訊整理成「新聞稿」之類的形式。因為新聞稿可以簡明扼要地呈現出，關於「我」的新事實、新資訊。不過，這種形式是否適合數位時代的群眾呢？

　　很遺憾，**如果是傳統的新聞稿形式，群眾有可能將之視為「打擾舒適空間的東西」，因而忽略新聞稿的內容**。如同前述，在能跟群眾「直接」溝通的現在，「我」必須花心思以適用於「群眾」的方式，呈現出想傳達的資訊才行（**圖4**）。

　　舉例來說，把新聞稿的資訊，變成好笑或感人的「好故事（Storygenic）」，改以「讀物形式」或「漫畫形式」來表現，就是一種方法。除此之外，還有製作「好照片（Photogenic）」，以照片或資訊圖表（Infographics，用視覺化方式呈現資訊或數據）呈現，讓人一眼就能理解要傳達的資訊，以及製作「好影片（Moviegenic）」，使用影片來傳達資訊這些方法。

　　總而言之，當「我」要將新聞稿的資訊傳遞出去時，必須花心思觸動群眾的「情感」或「感性」才行。

圖4 觸動群眾情感或感性的方法（例）

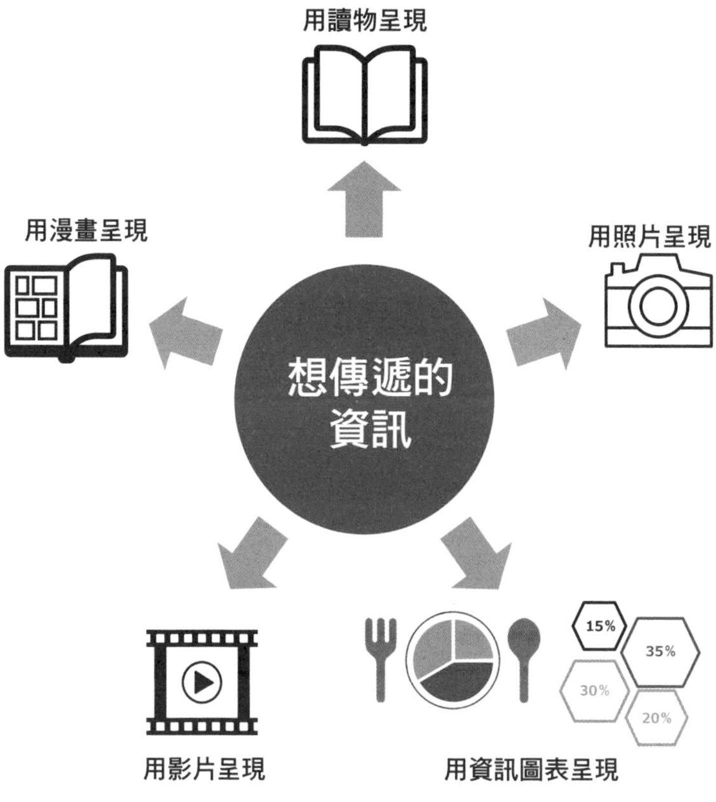

用讀物呈現

用漫畫呈現

用照片呈現

想傳遞的
資訊

用影片呈現

用資訊圖表呈現

15%

35%

30%

20%

換個呈現方式，讓想傳遞的資訊能夠觸動
「情感」或「感性」！

No.

04

〔PR手法的驅動因素②〕
瞬間

◎ 數位時代是以「瞬間(Moment)」為單位去思考！

第2種驅動因素是「**瞬間**」。資訊要在「何時」發布呢？推動PR時，評估發布時機是一件非常重要的事。

這是因為同樣的資訊若在不同的時機發布，資訊的價值也會不一樣。關於這個部分，第三章PR IMPAKT®的「T（趨勢、潮流、季節性）」這個小節也做過説明（參考P.72）。

進一步細分發布時機，思考每個「Moment（極短的時間、瞬間）」或「Micro-Moment（微瞬間）」，是數位時代的重要特徵。

「Moment」一詞，來自Twitter從2015年10月起，於美國等地開放的功能（截至目前2017年11月為止，日本同樣能夠使用這個功能，中文版Twitter則將這個功能翻譯為「新聞」。）

這個功能「網羅Twitter裡目前正受到討論與關注的推文」，使用者可以輕鬆得知「現在、這個瞬間」所發生的事。

換言之，這裡所説的「Moment」，**意思是「發布資訊時，要考量群眾最能夠接受這項資訊的『瞬間』來安排時機！」**。

◎ 群眾需要這項資訊的時機為何？

這裡就舉個具體的例子吧！假如要發布有關「工作後」使用的商品或服務之內容，你認為何時發布比較好呢？是一週的前半段，例如星期一的上午10點？還是一週的後半段，星期五的下午5點以後呢？

一週的後半段，星期五的下午5點以後，應該比較恰當吧？一般來説，在一週的最後一個工作日，也就是星期五的傍晚以後發布資訊的

話，很有可能令人萌生「疲勞的時候就想使用這個！」、「現在正需要這個！」之類的念頭。

如同這個例子，**只要具體想像群眾會在「面臨何種狀況的時候」接受這項資訊**，便能提高他們對資訊的容忍度，使他們更願意接受資訊（圖5）。

另一個重點是，除了要預測群眾最能夠接受資訊的「瞬間」之外，還要「即時」掌握在這個瞬間發生的「反應」並且「回以反應」，也就是要在瞬間做出反射性的「反應」。

圖5 找出瞬間的方法

觀察「各個季節」	正月、梅雨季結束、暑假、母親節、萬聖節、聖誕節、○○日（紀念日）
觀察「各個活動」	搖滾音樂節、電玩展、展示會、同人誌販售會、高中棒球聯賽、世界錦標賽
調查「流行趨勢」	熱門遊戲、熱門電影、流行語、選舉、偶像團體解散、勞動方式改革、IG熱門照片
分割「生活」	早起、通勤中、午休、睡前、熬夜、提早吃便當、很晚吃午餐、末班車
以「數年後」為單位	制定○年後、成立○年後、修法○年後、震災○年後

◉ 即時反應很重要！

在蘋果公司的草創期便予以支援的雷吉斯・麥肯納（Regis McKenna），自1990年代中期就提倡「即時」的重要性。

他也在著作《Real Time～Preparing for the Age of the Never Satisfied Customer》（暫譯：即時性～準備好迎接顧客永不滿足的時代）中提到，**無論何時何地，當「顧客有需要時」，就要提供符合顧客期望的體驗，這麼做能強化企業與顧客之間的關係**。

隨著各種工具的發達，如今企業能以「瞬間（Moment）」為單位，掌握「顧客有需要的時候」。因此，現在企業的課題已經升級為「如何縮短與這個瞬間的時間差距，真正做到『**即時**』應對？」。

舉例來說，使用網站上的即時通訊系統，即時回答群眾的問題，這種從電話客服中心進化而來的「線上即時客服中心」，正是追求即時回應而誕生的服務。

另外，前面介紹的Twitter之「Moment（新聞）」功能，能讓使用者加入這個瞬間在Twitter上熱烈討論的話題，這也可以說是注重即時的功能。

說起掌握到「瞬間」並即時反應的著名成功案例，不能不提奧利奧（Oreo）於2013年發布的某篇推文。

詳情請看下一頁的介紹，這篇精彩的推文，至今仍為人津津樂道（圖**6**）。

2013年舉辦超級盃（Super Bowl，美國職業美式足球聯盟NFL的冠軍賽。此為美國最大的運動賽事，每年都創下全年最高收視率紀錄，此外，也在超過200個國家與地區進行電視轉播）時，比賽期間曾停電了30分鐘左右。

美國納貝斯克公司（Nabisco）旗下的餅乾品牌「奧利奧（Oreo）」，把這場突如其來的停電意外視為行銷機會，立刻趁著停電期間，在Twitter留下「Power out? No Problem（停電？不要緊）」這則訊息，並附上一張寫著「YOU CAN STILL DUNK IN THE DARK（即使在黑暗中，你依然可以泡著吃）」的奧利奧餅乾圖片（DUNK是指將餅乾浸泡在咖啡或牛奶裡）。這篇推文發布不久就受到關注，截至目前為止轉推次數約有1萬5000次，Facebook的按讚數也超過2萬個。

據說，奧利奧為了即時應付超級盃比賽期間可能發生的各種狀況，事先成立了一個15人社群媒體團隊（成員包含文案人員與設計師等等），要他們在這段期間待命。

圖6 奧利奧的推文

出處：奧利奧的Twitter官方帳號「Oreo Cookie」@Oreo
（2013年2月3日發布時附上的圖片）

CHAPTER

7

159

No.

05

〔PR手法的驅動因素③〕

時間

　　第3種驅動因素是「**時間（Time）**」。進入數位時代後，充斥於社會的資訊量隨之大增，導致群眾不想花太多時間去瀏覽每一則資訊。

　　若想與這樣的群眾圓滑地溝通，就必須時時留意「時間」，也就是群眾理解「我（自家公司或品牌）」要傳達的資訊所花的時間。

　　花費的時間當然是「**越短越好**」。因此，當「我」要跟群眾溝通時，必須設法將文章寫得更短一點、更吸引人一點，讓群眾能更快理解內容。此外，一眼就能看懂文章內容的視覺表現，或是開頭幾秒就能吸引觀眾去看內容的影片，如今也都是不可或缺的要素。

　　尤其最近的群眾，當他們要將自己接收到的資訊轉發給其他人時，**通常會將內容「編輯」得比大眾傳播媒體發布的還要短、還要精簡**。因為像Twitter的一則推文，最多就只能寫140個字（自2017年11月起，日文、中文、韓文以外的語言，字數限制放寬到280個字）。Instagram可一次上傳好幾張照片，但顯示的照片只有1張。Facebook雖然沒有字數限制與照片數量限制，但發表長篇文章或上傳數張照片時，一次只會顯示頭幾行的內容，或其中幾張照片。其他的工具也是一樣的情況。

　　企業往往會忍不住以說明的口吻，用文字表現「所有」想要表達的事。但就算寫了一篇冗長的文章發布出去，群眾也會自行「編輯」這篇文章，只取他需要的部分來使用。

　　要是編輯後的內容，跟「我」想表達的內容有所出入，那可就得不償失了。因此，企業不僅要縮短群眾理解內容所需要的時間，更重要的是必須「**事先縮小群眾能夠編輯的範圍**」，簡明扼要地表現想提

供的資訊（圖7）。

圖7 如今必須留意「時間」才行！

アドビ、消費者のコンテンツに関する意識調査の結果を発表

79%

長めの記事を読むより、話題になっている
短めの記事を数多く閲覧したい

🌏 世界平均 63%

本調査は、消費者のオンライン上のコンテンツに対する考え方や利用動向の変化に着目し、アドビが米国、英国、フランス、ドイツ、オーストラリア、日本の6カ国の18歳以上の1万2千人を対象に実施しました。

根據Adobe系統股份有限公司的《The State of Content: Rules of Engagement》（針對消費者對內容的看法所做的調查，2015年12月發表）調查結果顯示，假如一天能取得資訊的時間只有15分鐘，有將近8成（79％）的日本人表示「與其閱讀內容較長的文章，更想多看一些內容較短的熱門話題文章」。

 Q YouTube のヘルプを検索

絶対的な視聴者維持率 ⌃

動画のどの部分が最も視聴されているのかを知ることができます。絶対的な視聴者維持率の曲線は、動画の各時点での視聴回数を、動画の全視聴回数で割った割合を表します。

注: どの動画でも最初の 15 秒間に注意する必要があります。再生をやめる視聴者が最も多いのがこのタイミングです。

在YouTube的「觀眾續看率報表」中，也看得到「請留意每部影片開頭的前 15 秒，是觀眾最容易停止觀看的期間」這項提示。

No.

06 〔PR手法的驅動因素④〕
包容性

● 現在是講求「顧慮」每一個人的時代

第4種驅動因素是「**包容性（Inclusivity）**」，不過大家或許對這個字的形容詞型態「Inclusive」比較熟悉。

英語「Inclusive」直譯是「包括的」、「包含的」。這裡所說的「Inclusive」，一如「融合教育（Inclusive Education，無論身心有無障礙、不管是何種人種，都要配合每一個孩子的教育需求，讓他們能在普通班級學習的教育）」這個名詞的意思，是指「**顧慮每一個人，不讓任何人遭到孤立與排擠**」。

在數位化的發展下，任何人隨時隨地都可以跟「我（自家公司或品牌）」溝通。

這意謂著，**各種立場的人都能夠取得關於「我」的資訊**。因此現在，當「我」要溝通時，就必須顧慮到每一個人才行。

而且，不只要顧慮日本國內，還得放眼全球考量其他國家。

● 絕對不能使用帶有歧視、侮蔑意涵的表現！

也許有人會覺得「反正我們公司又不進軍全球，所以應該沒關係啦」，但話可不能這麼說。

不進軍全球的企業「在國際上沒有知名度」，這也意謂著「在國際上沒有願意挺它的粉絲」。

因此，**這種企業反而更該放眼全球，當心遭到網友砲轟撻伐的風險**。設計資訊時應顧慮各種立場與生活型態，檢查內容有無歧視人種或性別、有無侮蔑思想或宗教、有無違反愛護及保護動物的精神，然

後放眼全球思考要採取的PR手法。

國際上的包容性溝通案例①

●美國紐約交通公司（MTA）的例子

　　2017年11月，MTA禁止紐約市內的地下鐵及巴士乘務員，在廣播時以「各位女士、各位先生（Ladies and gentlemen）」來稱呼乘客。

　　該公司改用「Everyone（各位）」或「Passengers（各位乘客）」來稱呼乘客。這是「從根本改善公司與乘客的溝通」計畫的其中一環，看得出來該公司是顧慮到性與性別少數族群（例如同性戀者與性別認同障礙者）。

國際上的包容性溝通案例②

●英國廣告標準局（ASA）的例子

　　2017年7月，ASA提出一項新方針，禁止廣告出現性別刻板印象（Gender Stereotype）。例如，禁止廣告使用「只有女性要做家事與育兒，男性卻不用」這種表現手法。

　　除此之外，含有「纖瘦」、「身材曼妙」這類與身材有關、會令人害怕不安的訊息，或是「男孩將來的夢想是當足球選手，女孩的夢想則是嫁為人婦」這類性別刻板印象的廣告也都受到管制。

CHAPTER

7

No. 07

〔PR手法的驅動因素⑤〕

事實

◉ 數位時代是「後真相」的時代？

第5種驅動因素是「**事實（Fact）**」。這個項目比較特別一點，PR的「Fact（客觀的事實）」早在進入數位時代以前就很受到重視。

「事實是PR的大前提」。廣告的表現內容就算是「虛構的」也沒關係，但PR則否，內容一定得是「非虛構的」才行。

這是因為，PR的基本活動是獲得公共報導，也就是「被媒體當成新聞報導出來」。**媒體只報實際的情形，不報虛構的內容**，所以才説「事實是PR的大前提」。

但是，自2010年代後期以後，資訊逐漸開始透過社群媒體流通、擴散，傳播到世界各地的速度比大眾傳播媒體還要快。

由於大家常用社群媒體溝通交流，有時也會發生資訊混亂，或是流傳假新聞（Fake News）之類的情況。於是，比起「是真是假的客觀事實」，「有無訴諸情感（Emotional）」，反而對輿論的形成有更強的影響力。

這種現象稱為「**Post-truth（後真相）**」，在2016年被牛津英語辭典選為「年度風雲字（Word Of The Year）」，2017年也被選為日本的年度流行語。

◉ 數位時代不可缺少「5種驅動因素」！

從「Post-truth（後真相）」的傾向來看，不免讓人質疑：「單靠事實真有辦法打動群眾的心嗎？」話雖如此，**企業發布的資訊當然不能是「假新聞」，這點無須贅言**。企業一定要以事實為基礎，想一想

如何才能打動，受「有無訴諸情感」這點影響的「數位時代的群眾」。

因此，企業該做的就是，運用本章介紹的5種驅動因素。只要發揮這5種當中任何一種驅動因素，就能夠推動群眾也關注的「**數位時代的PR手法**」。

若要靈活使用更適合數位時代的PR手法，這5種驅動因素最好全都要運用（圖8）。

圖8 發揮驅動因素推動適合數位時代的「PR手法」！

①由於是直接的關係，要使用「訴諸情感」的表現，

②掌握最佳瞬間採取「行動（反應）」，

③用可縮短理解時間的「精簡」形式，

④「顧慮」包容性，

⑤基於事實傳達「非虛構的」故事！

COLUMN　當心「假新聞」！

　　假新聞顧名思義，就是「虛假的新聞」。

　　這類新聞也常會使用聳動的標題，或者附上乍看會誤以為是「事實」的照片或影片，主要是透過社群媒體在網路上流傳。

　　網路上之所以會流傳假新聞，一般認為背景因素在於過度追求即時性所造成的反作用。社群媒體的使用者，通常抱持著「這是熟人轉發的資訊，所以是真的吧」這種心態，所以才會沒確認內容真偽就立刻做出反應。

　　此外，也有看法認為，瀏覽者心中原本就存在偏見或歧視等負面情感，所以當眼前出現與這類負面情感吻合的資訊時，他們才會立刻相信。

　　2016年舉行美國總統大選時，就曾流傳「羅馬教宗表態支持川普（Donald Trump）」這類明顯的假新聞。

　　假新聞對社會的滲透力很高，根據美國BuzzFeed公司針對選前3個月的新聞報導所做的統計，前20大新聞報導總共獲得736.7萬次的互動（例如分享與留言），前20大假新聞則獲得約871.1萬次的互動。

　　即便資訊是虛假的、錯誤的，也有可能因為「在社會上流傳」，而煽動民眾情緒或是威脅到企業，因此一定要充分留意。

CHAPTER

8

想成為「PR專家」
必須注意的事項

No. 01

想成為PR專家 就得磨練「PR思維」！

前面的章節，將PR分成「思維」與「手法」這2個部分來說明。只要學會前面介紹的PR思維與PR手法，無論你隸屬哪個單位、站在何種立場，應該都能立刻化身為PR人大展身手。

不過，有件事千萬別忘了，**你的目標應該是成為「PR思維」的專家，而非「PR手法」的專家**。

◉「PR思維」比「PR手法」更加重要！

舉例來說，也許5年後、10年後，紙本新聞稿就會從世上消失。

假如你是個只懂「PR手法」的專家，這個時候你就少了1種技術。

反之，如果是「PR思維」的專家應該就會這麼想：「PR的本質，在於將『社會』與『我（自家公司或品牌）』連結起來，至於方法則不拘。**在現今的時代，連結『社會』與『我』的方法並非新聞稿，而是這個才對。**」再者，PR思維是以「社會會有何種反應」為依據，因此「PR思維」的專家理應精通群眾與媒體的生態或情況。換句話說，如果是「PR思維」的專家，應該能**規劃出最適合這個時代、最適合當代的群眾與媒體的手法**（圖1）。

真正的PR專家，是指能夠平等地面對如生物一般不斷變動的社會，並配合社會的反應靈活運用思維與手法，為「社會」與「我」建立最佳關係的人。

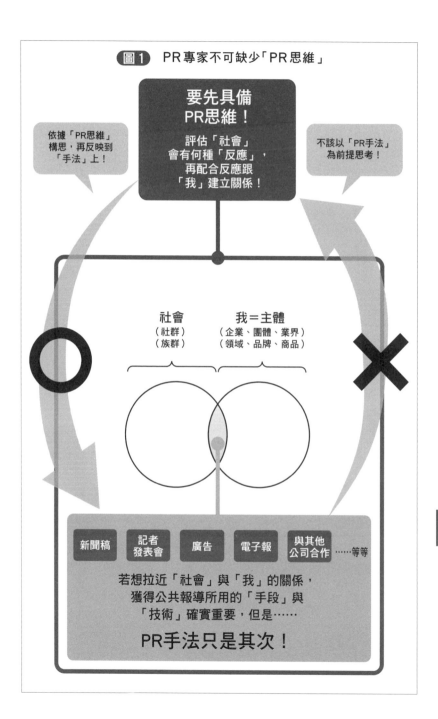

圖1 PR專家不可缺少「PR思維」

要先具備
PR思維！

評估「社會」
會有何種「反應」，
再配合反應跟
「我」建立關係！

依據「PR思維」
構思，再反映到
「手法」上！

不該以「PR手法」
為前提思考！

社會
（社群）
（族群）

我＝主體
（企業、團體、業界）
（領域、品牌、商品）

新聞稿

記者
發表會

廣告

電子報

與其他
公司合作 ……等等

若想拉近「社會」與「我」的關係，
獲得公共報導所用的「手段」與
「技術」確實重要，但是……

PR手法只是其次！

No.
02
〔精通社會①〕
得知最新動向！

　　若想將「社會」與「我」連結起來，就必須觀察社會的動向，了解社會比較容易對何種東西感興趣、什麼問題可能會受到重視，換言之就是得**時時留意並蒐集資訊**。

　　舉個近期的例子，2015年聯合國在「2030年永續發展議程」中，定出17項「永續發展目標（SDGs：Sustainable Development Goals）」，這些都是全球應在2030年以前處理的問題，也是各國最關注、絕對要達成的項目（圖2）。

○「時機是否恰當」很重要！

　　另外，由於社會是「活的」，就算「我（自家公司或品牌）」想處理的興趣或問題，目前並非「當務之急」，也有可能在過了一段時間之後變成「當務之急」。

　　基本上，「我」該處理的興趣或問題，必須配合社會的時機有彈性地變更。不過，假如「我」有某個興趣或問題一定要處理，而那又是很普遍的興趣或問題就沒必要放棄，**只要找出較能引起社會關注的「時機」就好**。道理就跟起初吃起來很澀的澀柿子，晒了一段時間後就會變成又甜又好吃的柿餅一樣，應該處理的時機一定會到來。

　　重要的是，要具備「自我修正功能」，時時觀察「社會」的動向，有彈性地不斷修正「我」應該站的位置。

圖2 翻轉世界的 17 項永續發展目標

SUSTAINABLE DEVELOPMENT GOALS

邁向2030年，
獲得全球同意的
「永續發展目標」

※標誌引用自聯合國公關部

CHAPTER 8

171

No. 03

〔精通社會②〕
別忘了「風險」觀點！

　　若想將「社會」與「我」連結起來，還必須事先**評估錯配的可能性（風險）**。這裡就用交食模式來說明吧！想要加深自己與某個社群或族群的關係，而一同提高「興趣」、解決「問題」時，**有可能在無意間否定了其他社群或族群的興趣，或是導致問題更加惡化**（圖3）。

　　因此，必須時時留意有無這種可能性，檢查「我（自家公司或品牌）」的圓，有無侵蝕到其他非目標對象的圓。要防止這種錯配，就得注意以下幾點：

①清查建立關係時有可能發生的風險，實施預防措施
②模擬風險浮上檯面時的處理方式
③根據上述內容制定規則與手冊，凝聚相關人士的共識
④配合社會的變化，定期檢查有無增加新的風險、預防措施與因應措施是否適切，並且修正或補充手冊內容

　　當風險浮上檯面時，要是用錯誤的方式處理，反而會火上加油、擴大損害，因此一定要充分注意。

　　筆者在第七章解說包容性時也提到（參考P.162），如今社會靠著網路與世界各地連結在一起，因此非常講求「**顧慮每一個人，不讓任何人遭到孤立與排擠**」。PR專家必須時時留意包容性，不要錯估社會的氛圍。

圖3 用交食模式說明「風險的顯在化」

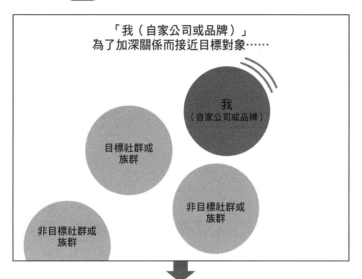

「我（自家公司或品牌）」
為了加深關係而接近目標對象……

我
（自家公司或品牌）

目標社群或
族群

非目標社群或
族群

非目標社群或
族群

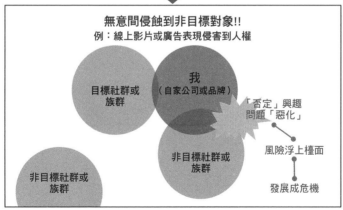

無意間侵蝕到非目標對象!!
例：線上影片或廣告表現侵害到人權

目標社群或
族群

我
（自家公司或品牌）

「否定」興趣
問題「惡化」

風險浮上檯面

非目標社群或
族群

發展成危機

非目標社群或
族群

「風險」在顯在化前只是「種子」。
一旦萌芽就會發展成「危機」＝
「醜聞（事故或事件）」或「網友的砲轟撻伐」！

No. 04

〔精通媒體①〕〕
認識PESO媒體！

◉ 掌握社會的「媒體」！

要成為PR專家，當然也必須「**精通媒體**」才行。這是因為，如果不精通媒體，你就無法想像「資訊是如何在社會上傳播的」。

隨著數位化的發展，社會上除了電視、報紙、雜誌、廣播這4種「大眾傳播」媒體外，還多了社群媒體之類各種新媒體。

有些新媒體的觸及規模超越了大眾傳播媒體，而大眾傳播媒體的定義也逐漸修正。因此，本節就來學學「**PESO媒體**」，這種按照傳播的作用與特徵，將媒體分門別類的方法（圖4）。

「PESO」這個名稱取自各分類的第一個字母。「P」是「Paid media」，即**「付費」媒體**（例如廣告）；「E」是「Earned media」，即**「免費」媒體**（例如公共報導）；「S」是「Shared media」，即**「共享」媒體**（例如社群媒體與部落格）；「O」是「Owned media」，即**「自有」媒體**（例如企業的官方網站、店鋪、公關雜誌）。

第6章提到，只要能引起社會的正面反應、建立良好關係，「原則上做什麼都可以」。的確如此，現今這個時代的PR人，必須了解「PESO媒體」的各項特徵，並靈活運用這些媒體才行。

美國最具權威性的PR業界雜誌《PR WEEK》，亦是表揚傑出PR活動的國際獎項「PRWeek Awards」的主辦單位，2015年該雜誌的總編輯史蒂夫‧巴瑞特（Steve Barrett）訪日時曾表示：「唯有在『PESO』的4個要素全都組合起來時，才能得到最棒的成果。」（《經濟公關》經濟公關中心／2015年12月號）

圖4 PESO 媒體的各項特徵

PESO

名稱	Paid media	Earned media	Shared media	Owned media
簡稱	「付費」媒體	「免費」媒體	「共享」媒體	「自有」媒體
特徵	只要支付報酬，就能將自家公司構思的內容，刊登在第三方擁有的媒體上。在某種程度上企業可自由掌控	報導機構之類的專家所製作的內容，被刊登在第三方擁有的媒體上，自家公司無法掌控	消費者創造的內容，被刊登在第三方擁有的媒體上，自家公司無法掌控	刊登在自家公司擁有的媒體上，因此可隨意製作內容，自家公司也能掌控
例子	● 電視、新聞、雜誌、廣播等媒體的廣告 ● 戶外廣告 ● 數位廣告	● 電視、報紙、網路等媒體的新聞報導（公共報導）	● 發布在Facebook、Twitter、Instagram等社群媒體上的圖文 ● 評論網站上的意見或排行榜等等	● 企業網站 ● 活動網站 ● 官方部落格 ● 官方社群網站帳號 ● 電子報 ● 自家公司製作的影片或投影片資料等等

No.
05

〔精通媒體②〕
了解資訊流通的結構！

　　本節就來談談，上一節介紹的PESO媒體如何互相影響，以及資訊如何透過這些媒體在社會上傳播。電通公關將資訊傳播路徑稱為「**資訊流通結構**」，並從2009年起展開調查。之所以進行這項調查，是因為在當時，「該怎麼做才能登上Yahoo！新聞」這個問題備受關注。

　　像Yahoo！新聞這類入口網站，都是在收到報社與雜誌社這類新聞內容提供者（CP：Contents Provider）的文字報導後，重新下一個更吸引讀者的標題，再將報導刊登在網站上，如今這已是眾所周知的事。當時，電通公關進行了各種調查，例如調查各個新聞CP的新聞採用率，以及從定量與定性兩方面分析，**何種文章脈絡會令入口網站的編輯想要選擇該篇新聞報導**（順帶一提，如果想登上日本Yahoo！新聞，可以試著接觸提供報導的新聞CP。只要點一下Yahoo！新聞「話題一覽」最下方的「新聞提供者」，任何人都可以查看新聞CP一覽）。（譯註：臺灣的Yahoo！奇摩新聞，則是從新聞首頁最下方的「合作媒體」查看。）

　　目前的資訊流通結構應該如**圖5**所示，不過「資訊流通結構」非常複雜又易變，有可能過沒幾天就出現圖上沒有的新路徑，或是讓資訊一下子竄紅的「著火點」。因此，遇到「熱門」的新聞話題時，**要反過來追查「著火點」、檢驗流通路徑**，這點很重要。

◉ 線上影片的資訊流通結構

　　舉例來說，九州的輪胎零售商Autoway，於2013年發布的線上影片「【小心觀看】恐怖雪道」暴紅後，電視之類的媒體紛紛播報這則新聞，該影片也成了開創運用影片的PR手法之先河而受到關注。筆

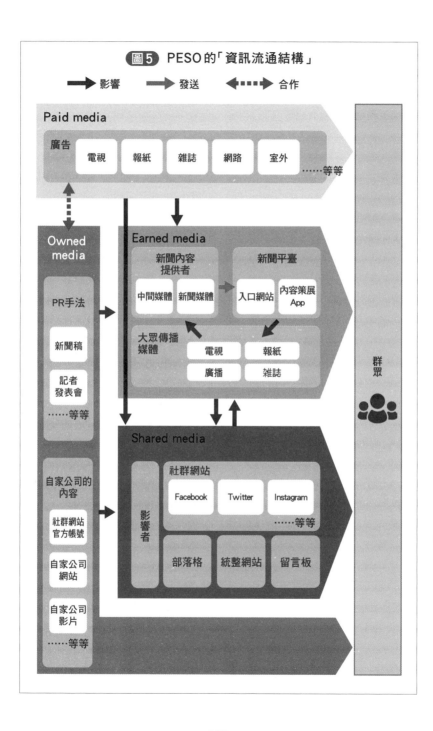

圖5 PESO 的「資訊流通結構」

➡影響　➡發送　◀┅┅➡合作

Paid media
廣告　電視　報紙　雜誌　網路　室外　……等等

Owned media

PR手法
新聞稿
記者發表會
……等等

自家公司的內容
社群網站官方帳號
自家公司網站
自家公司影片
……等等

Earned media

新聞內容提供者
中間媒體　新聞媒體

新聞平臺
入口網站　內容策展App

大眾傳播媒體
電視　報紙
廣播　雜誌

Shared media

影響者

社群網站
Facebook　Twitter　Instagram
……等等

部落格　統整網站　留言板

群眾

者在第四章提到，我們為了提高線上影片的竄紅機率，研究了各式各樣的熱門影片（參考P.76），這部影片也是我們參考的影片之一。

當時我們曾推測「熱門影片或許具有某種程度的資訊流通法則性」，於是研究了第四章介紹的資生堂與安川電機等各種熱門影片。

結果發現，熱門的線上影片呈現如圖6那樣的資訊流通結構。即便是企業製作的影片，假如那是民眾願意分享、娛樂性高、能造成話題的影片，其觀看次數也有辦法跟線上動畫或電影之類的影片競爭。因此，就算內容再好再精彩，如果只是悄悄地擺在網路上依舊不會竄紅。要是你以為「別人應該會發現吧」，那可就太天真了。

除了要在自有媒體（例如發布新聞稿、用自家公司的社群網站帳號分享）上通知，你也要接觸免費媒體，如果有預算的話還要運用付費媒體（數位廣告），想辦法讓人發現這部影片。因為目前的熱門線上影片，都是循著以下的「擴音器結構」竄紅的。

STEP①在某個社群或族群裡暴紅
STEP②暴紅的事實透過報導或統整網站公諸於世
STEP③公諸於世後，暴紅的東西造成現象

也就是說，登上電視等大眾傳播媒體的熱門影片，不見得一開始就直接接觸大眾傳播媒體，影片其實是循著合適的路徑流通才得以竄紅的。

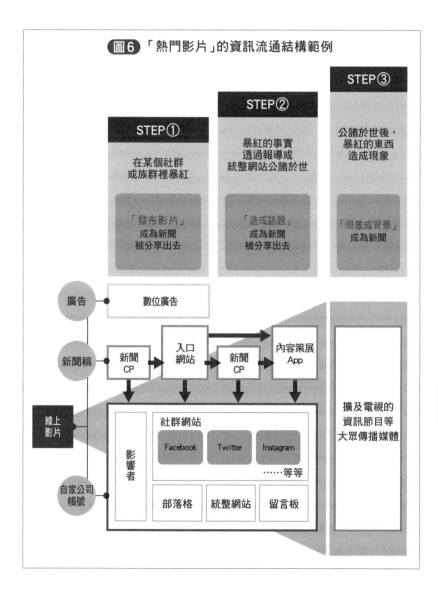

圖6 「熱門影片」的資訊流通結構範例

No. 06

〔精通媒體③〕

認識影響者！

◉ 何謂「影響者」？

近年來，「影響者（Influencer）」在資訊流通結構當中，扮演了格外重要的角色。

「Influencer」也是一個帶有各種意涵的詞彙，最近大多作為「具有強烈影響（Influence）力的人」這個意思來使用，主要是指「在社群媒體上，對其他使用者有著強烈影響力的人物」。

◉ 影響者不單指名人！

不久之前，「影響者」一詞是指藝人或運動選手這類名人，也就是令人「崇拜」，而且具影響力的人物。

當然，這些人現在依舊是影響者，不過最近就算不是名人，也能跟他們一樣成為影響者，而且這種人在某些領域裡的影響力甚至超過那些名人。

這種人稱為「微影響者（Micro-Influencer）」，在社群網站擁有1000名至10萬名跟隨者。

「微影響者」是指，在美食、美容、家電等**某個特定領域裡，因為具備豐富的知識與資訊量而擁有影響力的人物**。他們對該領域秉持著無窮無盡的「探究心」與「深厚熱情」。

或許就是這個緣故，有資料指出，靠著這股動力蒐集的資訊及發布的訊息，要比名人影響者更容易打動資訊接收者的心（**圖7**）。

換句話說，跟名人這種遠在天邊的「崇拜對象」相比，「**觸手可及的對象**」距離比較近，因此容易引發共鳴，也值得信賴。

不過，現在的名人影響者，當然仍有著無法估計的影響力。

○「PPAP」暴紅也是起因於影響者……

舉個相當著名的例子，Piko太郎於2016年上傳到YouTube的「PPAP（Pen-Pineapple-Apple-Pen）」風靡一時，這部影片之所以

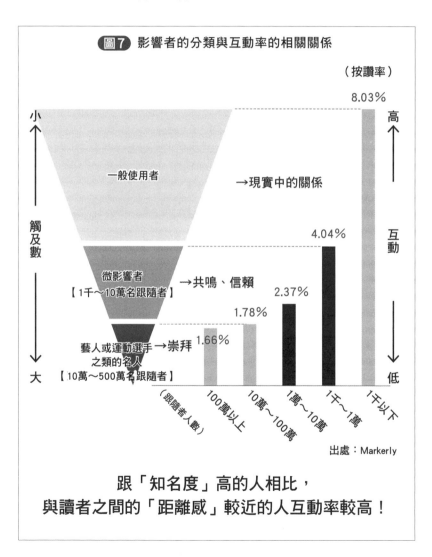

圖7 影響者的分類與互動率的相關關係

跟「知名度」高的人相比，
與讀者之間的「距離感」較近的人互動率較高！

在全球竄紅，起因是擁有超過1億名跟隨者的加拿大音樂人小賈斯汀
（Justin Bieber），在Twitter上稱PPAP是「My favorite video on the
internet（我很喜歡的影片）」。

　　Piko太郎和小賈斯汀並無私交，**但在全世界因數位化而互相連結
的現在，卻有可能發生這樣的奇蹟**。

　　不過想當然，我們不能只是坐等奇蹟發生。真正的PR人會在遇到
如Piko太郎這個案例的回響時，從中察覺到「原來如此，只要有影響
者的加持，就能一下子掀起熱潮。這就是資訊的『著火點』」。

○ 找出著火點的「本源」！

　　其實只要認識影響者，請他直接在著火點上點火就好，但跟影響
者（例如小賈斯汀這類名人）交情好到可以拜託他發文的人應該不多
吧？

　　話雖如此，我們也不能只靠偶然。這種時候，不妨找一找「**其實
更早之前就有著火點吧？**」這種可能性。

　　以PPAP為例，在小賈斯汀發布那則推文之前，國外具影響力的病
毒式媒體（Viral Media，發布具衝擊性的影片或圖片，吸引民眾在網
路社群上分享轉發的部落格媒體）之一「9GAG」（跟隨者超過1400
萬人），就對PPAP很感興趣，數次在Twitter之類的地方介紹這部影
片。

　　結果一下子就提升了PPAP在國外的知名度，不久之後小賈斯汀也
看到了這部影片。

　　就像這樣，如果想得到影響者的加持，**不妨試著追查該名影響者
的「跟隨源頭」**，從跟隨源頭中找出或許能提供資訊的對象，然後接
觸看看（圖8）。

圖8 獲得影響者加持的方法

找出影響者
更上游的「著火點」
並提供資訊!!

跟隨源頭

跟隨者

跟隨者　　跟隨者

跟隨者

跟隨者之一
影響者

跟隨者　　　　　跟隨者

跟隨者

跟隨者　跟隨者　跟隨者

跟隨者　跟隨者　跟隨者　跟隨者　跟隨者　跟隨者

No. 07

〔精通媒體④〕

了解媒體的「分散型化」！

　　最後要了解的是「**媒體的分散型化**」。在數位化的發展下，媒體（包括電視、報紙、雜誌、廣播這4大大眾傳播媒體）全都能在網路上刊登自家公司的新聞內容。而且，刊登方式還持續不斷地進化。

　　從前，媒體都是架設自家的新聞網站，把所有的新聞內容都放在那裡。這是因為，以前的網站必須提高頁面瀏覽次數（PV）、增加經常造訪的不重複使用者（UU），才會被視為「很有價值的網站」。事實上，PV高、UU多的新聞網站，其「廣告單價」一般都比較高。

　　此外，要吸引使用者造訪，就得利用Google的搜尋結果，或發在社群媒體上的報導連結等方式，引導使用者前往自家公司網站。當然，現在仍有媒體繼續使用這種方法，不過最近也有越來越多的媒體不再是「請讀者造訪自家網站」，而是改為「**配合讀者所在的平臺，提供最佳化內容**」（圖9）。這種媒體稱為「**分散型媒體**」。

　　病毒式媒體的先驅「Buzzfeed」就是代表例子之一，使用者可以直接在社群媒體上觀看報導或影片，不需要點擊連結前往該網站。

　　這個模式亦可套用在企業上，現在的企業不該只想把群眾引導至自家公司網站，也應該考慮「**主動前往群眾實際使用的平臺**」。

　　另外，如同筆者在第七章說過的，這種時候別忘了入平臺（分散點）隨「俗」，把內容調整為最合適的形式或文章脈絡。

圖9 傳統的媒體與分散型媒體

○傳統的媒體
＝請讀者造訪自家網站觀看內容

新聞網站A

新聞報導
之類的內容
全放在這裡

○分散型媒體
＝不請讀者造訪自家網站，而是配合讀者所在的平臺，提供最佳化內容

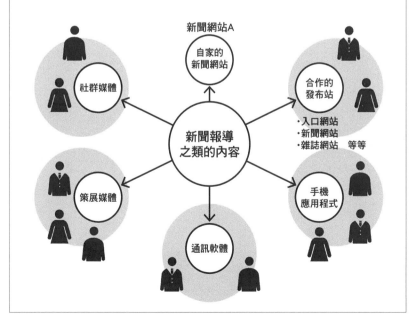

新聞網站A

自家的
新聞網站

社群媒體

合作的
發布站

・入口網站
・新聞網站
・雜誌網站　等等

新聞報導
之類的內容

策展媒體

手機
應用程式

通訊軟體

No.

08 該如何測量PR的成果與效果？

經常有人問筆者：「PR的成果與效果到底要如何測量呢？」這是個不太好回答的問題，因為答案不只一個。

● 不換算廣告價值的世界潮流

各位有聽過「**換算廣告價值**」這個詞嗎？所謂的「換算廣告價值」，就是「把獲得公共報導的新聞置換成廣告，計算定價購買相同篇幅或播放長度的廣告需要多少錢」，多數企業都以此作為評估PR活動成果或效果的指標。

乍看之下，「換算廣告價值」似乎能輕鬆比較「成本與成果」，但用這種方法算出的數值，**不過是「假設的廣告預算投入額」，而非「成果」**。因此，儘管「換算廣告價值」是以特定指標評鑑公共報導量的方法之一，但能否只用該指標來表示「成果」或「效果」仍存有疑慮。

在PR業界，AMEC（International Association for Measurement and Evaluation of Communication：國際傳播測量與評估協會）於2010年定出「**巴塞隆納原則（Barcelona Principles）**」，這是有關於測量傳播效果的架構，AMEC不僅宣示「廣告等值不等於PR的價值」，也呼籲國際遵守此原則*（圖10）。

日本的「不換算廣告價值」浪潮也逐漸升高，根據日本PR業界雜誌《公關會議》（宣傳會議）的調查，「重視」換算廣告價值的企業有23.9%（此為「相當重視」與「重視」之合計，前者為5.3%，後者為18.6%），「不重視」的企業則有64.6%（此為「完全不重視」與「不怎麼重視」之合計，前者為32.7%，後者為31.9%）（《公關會

議》宣傳會議／2017年11月）。

　　如果說，「換算廣告價值」並非PR活動成果或效果的指標，那麼我們該以什麼為指標才好呢？。

◎ 分 3 個部分掌握 PR 的成果與效果

　　這裡就用交食模式說明吧！「我（自家公司或品牌）」的大目

圖10 巴塞隆納原則 2.0

① 目標設定與效果測量是傳播與PR的基礎

② 建議測量傳播的「結果」，而不是僅測量「產出」

③ 對組織績效的影響是可測量的，而且應該盡可能測量

④ 測量與評估應使用定性方法與定量方法

⑤ 廣告等值不等於傳播的價值

⑥ 社群媒體可以且應該與其他媒體管道一同測量

⑦ 測量與評估應該是透明的、一致的、有效的

＊ 2015年將此原則修正為「巴塞隆納原則2.0」時，把「廣告等值不等於PR的價值」之項目，更改為「廣告等值不等於傳播的價值」。

的，是加深「與某個社群或族群之間的關係」，這段關係原本只是一個小點，或是很小的面。

假如經過一連串的PR活動後，這段關係變得更加深厚，也就是「出現PR效果」的話，**該社群或族群的「態度」與「想法」理應會起某種「變化」才對**（圖11）。

以P.42介紹的伊莎涅莫水族館（可夜宿的水族館）為例，「實際去住了一晚」或「詢問了細節」即是「**態度變化**」，「雖然沒真的參加，但是很想去」或「好感度上升」則是「**想法變化**」。

如果要掌握參加人數或詢問數，只要計算實際數量就好；如果要掌握想法變化，就得在發表與實施「可夜宿的水族館」前後進行想法調查。另外，公共報導對社群與族群的「想法變化」及「態度變化」有很大的影響，因此要掌握報導量的走勢、報導的時機以及內容（質）才有意義，而不是換算廣告價值。

如同上述，**測量PR的成果與效果時，要掌握「態度」、「想法」、「影響前兩者的公共報導或廣告等等的認知（Awareness）」這3個部分，在活動前後有何種變化，這點很重要**。

這種時候，「態度」包含了什麼、要測量什麼「想法」，是由各家企業或品牌自行決定的，沒有規定「非這樣不可」。畢竟每一家企業應達成的「理想」不盡相同，指標當然也不一樣。不過，有一點對所有企業一樣重要，那就是測量效果與成果後，要立刻反映在「下一項計畫」上。

圖11 掌握PR的成果與效果的方法

現狀 ——— 正朝向的理想目標 ———

社會 　　　我＝主體
（社群）　（企業、團體、業界）　　　加深自己與想溝通的
（族群）　（領域、品牌、商品）　　　社群或族群之間的關係

一起提高
興趣或
解決問題
後……

「關係加深」即意謂著，
該社群或族群的「態度」與「想法」起了某種「變化」。
測量「變化」並前後比較即可「測量效果」。

PR的KPI金字塔（以伊莎涅莫水族館為例）

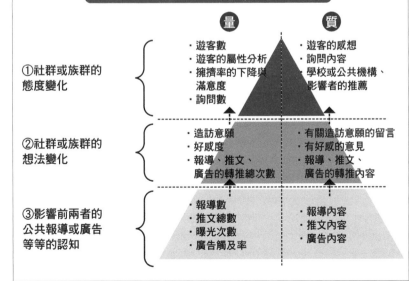

　　　　　　　　　　　　量　　　　　　　質

①社群或族群的
態度變化
・遊客數　　　　　　　・遊客的感想
・遊客的屬性分析　　　・詢問內容
・擁擠率的下降與　　　學校或公共機構、
　滿意度　　　　　　　影響者的推薦
・詢問數

②社群或族群的
想法變化
・造訪意願　　　　　　・有關造訪意願的留言
・好感度　　　　　　　・有好感的意見
・報導、推文、　　　　・報導、推文、
　廣告的轉推總次數　　　廣告的轉推內容

③影響前兩者的
公共報導或廣告
等等的認知
・報導數　　　　　　　・報導內容
・推文總數　　　　　　・推文內容
・曝光次數　　　　　　・廣告內容
・廣告觸及率

No. 09 什麼樣的組織體制可有效推動PR？

　　除了「測量PR的成果與效果」之外，「推動PR時的體制」也是筆者常被問到的問題。尤其不少公司都是等商品、服務、事業或企業活動的點子已經構思好後，才來煩惱「PR該怎麼辦」。相信各位看過本書第五章後應該就會明白，那些公認的「成功」案例，都是早在「構思點子的階段」，就具體想像「社會會有何種反應」。

　　那麼本節就來談談，如果自家公司想跟這些案例一樣讓PR活動成功，具體來說應該採取什麼樣的組織體制。

　　此時最重要的是，要營造出可跨部門蒐集、無縫接收散布在各個部門，有可能當作「PR題材」的資訊之狀態。若要製造這種狀態，建議公司實施以下4種改革（圖12）。

A：團隊改革：成立可縱觀全公司的資訊管理與建構的團隊，成員必須包含PR專家

B：人才改革：各部門需培養／配置1名PR專家

C：流程改革：在構思點子或資訊的過程中，一開始就要運用PR思維去思考

D：格式改革：把基於PR思維的方法，應用到各部門的會議或內部資料的格式上

　　如果運用本書介紹的方法，「D」的改革或許會特別容易成功。為了凝聚全公司的共識，請各位一定要善加運用這些方法。

圖12 建立有效組織所需的4種改革

A：團隊改革：成立可縱觀全公司的資訊管理與建構的團隊，成員必須包含PR專家

配置範例：

直接連結 行銷型PR體制	PR團隊採統合了宣傳、行銷、廣告創作的團隊體制
專門應付 媒體型PR體制	PR團隊統籌有關應付媒體的一切事宜。媒體的涵蓋範圍視企業而定
全方位型 PR體制	PR團隊也要負責應付媒體以外的社群（政府、投資人甚至可能是地方社群）

B：人才改革：各部門需培養／配置1名PR專家

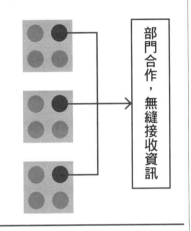

部門合作，無縫接收資訊

C：流程改革：在構思點子或資訊的過程中，一開始就要運用PR思維去思考

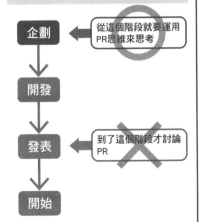

企劃 ← 從這個階段就要運用PR思維來思考

開發

發表 ← 到了這個階段才討論PR

開始

D：格式改革：把基於PR思維的方法，應用到各部門的會議或內部資料的格式上

採用同一種基於PR思維的格式，無縫收發資訊

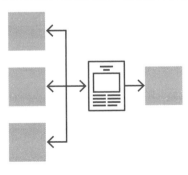

COLUMN　邁入全民皆PR人時代！

看完這本書後，你是不是已經明白PR並非只關公關部的事呢？「經營階層本身就是PR人」的公司，其加強及穩固「企業與社會的關係」的速度更是快速，因此公司的發展速度自然不慢吧。日本公共關係協會的理事長近見竹彥也表示：「PR主導經營（以PR為基礎擬定經營策略）很重要，這是企業今後必須走的路，而且這個趨勢將發展得越來越快。」第五章介紹的每個案例也是如此，公司經營層都對PR有著很深的理解與熱情。

當然，不光是經營層，筆者認為在現今這個時代，無論隸屬何種部門或立場，大家都必須成為PR人、PR專家才行。這是因為，如果公司裡每一位員工都是PR人的話，就能帶給社會更大的影響，繼而促進企業成長。如此一來，PR公司說不定就不再受到需要了。

在PR公司任職卻說這種話是很奇怪，但我們真的認為「這樣也無所謂」。因為我們相信，只要大家持續提高社會的興趣、解決社會的問題，就能形成一個更美好的社會。

PR並非只關企業的事。現今的時代，每一個日本人都應該成為PR人，向世界宣傳行銷「日本」這個品牌才對。我們每個人都要懷抱著代表日本的心情，走過2020年，邁向更遙遠的未來，這點很重要。筆者也要盡一己之力，讓這個世上喜歡日本的粉絲能夠越來越多。

Bibliography | 参考資料

『アイデアのつくり方』（阪急コミュニケーションズ）James W. Young（著）／今井茂雄（譯）

『アイデアは地球を救う・希望をつくる仕事 ソーシャルデザイン』（宣伝会議）ソーシャルデザイン会議実行委員会（編著）

『アイビー・リー ―世界初の広報・PR業務―』（同友館）河西仁（著）

『EFFECTIVE PUBLIC RELATIONS 8th Edition』（Pearson）Scott M. Cutlip、Allen H. Center、Glen M. Broom（Author）

『かくれた次元』（みすず書房）Edward T. Hall（著）／日高敏隆、佐藤信行（譯）

『広報110番―パブリック・リレーションズ実務事典』（電通）電通パブリックリレーションズ（編著）

『広報・マスコミハンドブック PR手帳2018』（アーク出版）（公社）日本パブリックリレーションズ協会（著）

『コトラーのマーケティング3.0 ソーシャル・メディア時代の新法則』（朝日新聞出版）Philip Kotler、Hermawan Kartajaya、Iwan Setiawan（著）／恩藏直人（監譯）／藤井清美（譯）

『コトラーのマーケティング4.0 スマートフォン時代の究極法則』（朝日新聞出版）Philip Kotler、Hermawan Kartajaya、Iwan Setiawan（著）／恩藏直人（監譯）／藤井清美（譯）

『主要企業の広報組織と人材2013年版』一般財団法人 経済広報センター（編輯、發行）

『心理マーケティングの基本』（日本実業出版社）梅津順江（著）

『図解 使える心理学』（KADOKAWA）植木理恵（著）

『すべての仕事はクリエイティブディレクションである。』（宣伝会議）古川裕也（著）

『戦略広報パブリックリレーションズ実務事典』（電通）株式会社電通パブリックリレーションズ（編著）

『戦略思考の魅力度ブランディング 企業価値を高める「魅力」の磨き方と伝え方』（日経BP社）企業広報戦略研究所（編著）

『体系 パブリック・リレーションズ』（ピアソン・エデュケーション）Scott M.Cutlip、Allen H.Center、Glen M.Broom（著）／日本広報学会（監修）

『第12回 企業の広報活動に関する意識実態調査 報告書』一般財団法人 経済広報センター（發行）

『手書きの戦略論「人を動かす」7つのコミュニケーション戦略』（宣伝会議）磯部光毅（著）

『パブリック・リレーションズの歴史社会学―アメリカと日本における〈企業自我〉の構築』（岩波書店）河炅珍（著）

『#HOOKED 消費者心理学者が解き明かす「つい、買ってしまった・」の裏にあるマーケティングの技術』（TAC出版）Patrick Fagan（著）／上原裕美子（譯）

『「欲しい」の本質 人を動かす隠れた心理「インサイト」の見つけ方』宣伝会議）大松孝弘、波田浩之（著）

『リアルタイム 未来への予言―社会・経済・企業は変わる』（ダイヤモンド社）Regis McKenna（著）／校條浩（譯）

結語

這本書，是由任職於電通公關這家PR公司的伊澤（前輩）與根本（後輩）一同撰寫的。

促使我（根本）立志走PR這一行的，是《品牌無法靠廣告打造　廣告vs PR》（暫譯，翔泳社）這本書。受到這本書的刺激後，我才進入PR業的龍頭——電通公關。

然而，也許是自己懷抱了太大的夢想與期待的緣故，我痛切感受到該書的內容與現實之間的落差。儘管這是個令人煩惱的問題，但我相信「總有一天一定能打破窘境」。就在累積了10多年的實務經驗，正打算把累積在自己心中的鬱悶化為言語時，我接到了出版社的寫書邀約。

我最想把這本書獻給跟從前的自己一樣，為現場的狀況煩惱不已的PR人，希望他們能夠善加運用。

不過，光是這樣仍無法解決PR現場的煩惱。於是，我決定寫下自己與經營者或創作者共事時覺得重要與必要的、PR人的「核心觀念」。因為我想先改變有意從事PR工作、想委託PR工作的人的觀念（感謝大杉陽太先生、佐藤雄介先生、長久允先生幫助我察覺到這點！）。

一如我的人生因一本書而改變，由衷期盼這本書也能改變某個人的人生。

我（伊澤）與根本不同，並非一開始就以PR業為目標。自己原本想到出版社工作，卻因為錄取門檻很高，而遲遲無法如願進入這一行。就在這時，有人鼓勵我：「如果從事PR工作，妳想製作書籍也沒問題喔！因為，只要能達成目的，不管做什麼都可以。」這個人是我的大學學長，當時任職於電通公關。因為這句話的鼓舞，我才考慮到PR公司上班。

我對PR沒有成見，所以進公司後，就憑著一股蠻勁面對每天的工作。不過，我一直在想，當時學長說的「PR這種工作，只要能達成目的，不管做什

麼都可以」這句話，何時才能實現。

　　雖然PR人所面臨的現實正逐漸改變，但改變的速度十分緩慢。為了實現那句話，也為了幫助像根本這樣內心充滿希望的後輩實現夢想，日本的PR業界需要更加創新的改變。我想讓更多人知道PR的可能性，也想為可能性的實現盡一份心力。在以PR人及作家的身分，採訪各種精彩的PR案例，並將之化為文字的過程中，我發覺寫書應該能達成這個目標。恰巧就在這時，我得到了出書的機會。我盡自己目前所能，將根本的想法與PR化為文字、化為架構。希望許許多多的人都能閱讀這本書，倘若本書能成為改變日本PR業的一股助力，這將是我的榮幸。

　　最後，我們要感謝撰寫這本書時給予關照的諸位人士。東京大學研究所情報學環的河㐬珍老師；在訪問與採訪案例時提供協助的諸位人士；電通數位的並河進先生，以及社會設計會議執行委員會、電通社會設計引擎的諸位人士；撰寫原稿時，毫不吝惜給予我們意見的電通公關諸位人士；設計師兼編輯兼第一位讀者、不斷支持我們的竹內沙織小姐；執筆期間總是開朗地為我們打氣的翔泳社石原真道先生，以及溫暖守護著我們的家人，真的非常謝謝各位。

　　最後的最後，再次感謝過去遇到的所有工作、書籍與人物。

　　我們對「PR」的無盡追求並未就此結束。期待下次能在某個地方與你相逢。

電通公關股份有限公司

伊澤佑美＆根本陽平

Glossary | 術語集

ROI
Return On Investment的縮寫，用來測量投入的資金所能獲得的利益之指標。又稱為「投資報酬率」或「投資回收率」。ROI越大，代表投資效率越高。

IMC
Integrated Marketing Communications的縮寫，即整合行銷傳播。綜合運用廣告、銷售活動、PR、贊助等多種傳播手段。

AISAS
由Attention（引起注意）→Interest（產生興趣）→Search（主動搜尋）→Action（展開行動）→Share（分享資訊）的第一個字母組成，用來說明網路普及時代消費者的購買行為模式。

AIDMA
由Attention（引起注意）→Interest（產生興趣）→Desire（激發需求）→Memory（留下記憶）→Action（展開行動）的第一個字母組成，為消費者從得知商品到購買商品的過程模式。

Upselling
即向上銷售，向「考慮購買某項商品的顧客」，「推薦價格或利潤率高一點的產品」，藉此提升業績。

Ad Technology
網路廣告技術之總稱。例如廣告網絡、DSP（廣告需求方平臺）、歸因分析等等，從機制到最佳化手法皆包括在內。

Algorithm
即演算法，指電腦的處理步驟。電腦為解決某個問題所用的辦法。

ES
Employee Satisfaction的縮寫，即員工滿意度。若要提供令顧客滿意的產品或服務，重點就是要讓員工滿意自家企業。

Internal Communication
即組織內部溝通。透過內部報導、各種內部活動等圓滑的內部溝通，能夠產生「職場的連帶感與相互信賴」、「向員工灌輸企業理念，凝聚共識與價值觀」、「活化員工」、「創造新體質與文化」、「經營高層願意聽取員工意見的下意上達經營」等成果。

Inbound Marketing
即集客式行銷，指不依靠廣告，讓消費者自行「發現」的行銷措施。在網路上提供有益於潛在顧客的內容，讓潛在顧客更容易於搜尋結果及社群媒體上發現自家商品或服務。

Influencer
即影響者。主要是指在社群媒體上，對其他使用者有著強大影響（Influence）力的人物。

Impression
即廣告的曝光（刊登）次數，評估刊登於網站上的廣告成效指標之一。訪客造訪網站後顯示1次廣告即為曝光1次。亦可縮寫為imp或imps。

Investor Relations
即投資人關係。指企業對股東、投資人等證券市場相關人士，適時且公平地持續提供投資判斷所需的企業資訊之活動。個人股東、外籍股東也包括在內，為企業溝通的樞要領域。

SEM
Search Engine Marketing的縮寫，即搜尋引擎行銷。一種行銷手法，將搜尋引擎當成廣告媒體，藉此增加自家網站的訪客。

SEO
Search Engine Optimization的縮寫，即搜尋引擎最佳化。指當使用者在Google等搜尋引擎上搜尋特定關鍵字時，讓自家網站或網頁排在搜尋結果前幾名的方法。

SNS
Social Networking Service的縮寫。指使用者可以互相公開自己的興趣、喜好、朋友、社會生活等私事，進行廣泛交流與溝通的社群型網站。

LTV
Life Time Value的縮寫，即顧客終生價值。指從開始交易到結束交易的這段期間，該名顧客所帶來的損益總和。為測量顧客占有率的指標。

Engagement
即互動。為群眾對企業或商品、品牌抱持的感情或親近感，亦指企業與員工之間的深厚連結。

Opinion Leader
即意見領袖。指對於輿論或社會共識的形成有影響力的人物（例如學者、文化人、評論家）。企業應

透過參加懇談會、舉辦研討會或講座、製作PR雜誌等方式，與這些意見領袖常保良好關係，進行這類能獲得協助的溝通活動十分重要。

OTR
Off the Record的縮寫，意思是「不列入記錄」。指接見媒體相關人士或接受採訪時，發言者雖揭露有關發表內容的複雜內情或背景，但雙方約定不寫進報導裡。原則上媒體不會公開報導這類內容，但這畢竟只是君子協定，也有媒體不會遵守約定。

Omni-Channel
即全通路。流通與零售業的策略之一，將實體店面、郵購型錄、DM廣告、線上商店（電商網站）、手機版網站、社群網站、電話客服中心等，數種銷售通路及顧客接觸點有組織地串聯起來，以提高顧客的便利性，創造各種購買機會。這項策略最早應用於流通與零售業，之後逐漸擴及製造商與服務業。

Customer Journey
即顧客體驗旅程，用一句話來說就是「顧客實際購買商品之前的過程」。另外，「顧客體驗旅程地圖（Customer Journey Map）」，則是將顧客如何接觸與得知商品或品牌、產生興趣、激起購買意願、決定購買或註冊之過程比喻為旅程，依時間順序將顧客的行動與心理可視化。

記者俱樂部
為採訪而成立的組織，設置於日本各省廳、都道府縣廳、市公所、警察署、各團體的記者室。對企業而言同樣是跟記者打好關係的重要接觸點。

記者懇談會
企業的高層或負責人，根據某個特定主題，向具備專業知識、人數較少的主跑記者團，詳細說明商品、自由交換意見的活動。

記者說明會
不說明商品本身，而是解說背後的研究成果、開發背景、社會主題等等，藉此促進媒體理解的活動。簡報者大多為研究者、學者或意見領袖。又稱為媒體講座或記者學習會。

記者發表會
當企業發生高層人事異動、公司合併、創立新事業、開發或發售新商品之類的情況時，邀請媒體齊聚一堂，發表事件內容、說明詳情的活動。原則上以尚未發表的資訊為對象，並且同時發布新聞稿。

著眼點
設計文章脈絡或故事時的觀點、角度。

Curation
即策展。整理各種資訊，依照特定主題組合資訊，使之產生新的意義。由這類第二手資訊形成的媒體（例如統整網站）稱為「策展媒體」。

Google Analytics
Google提供的免費網站流量分析工具，功能強大。只要給網站的各個頁面插入「追蹤程式碼」，就可以收集有關該網頁的各種流量資訊。

Google Trends
Google提供的服務，可透過圖表了解網路搜尋當中，特定關鍵字的搜尋次數隨著時間產生的變化。只要在「Google搜尋趨勢」中輸入任一關鍵字進行搜尋，便可參考指數曲線圖，了解這個關鍵字之前有多少人搜尋過。

Crisis Communication
即危機溝通。為了將意外發生時的影響與損害降到最低，而以「資訊公開」為基本原則，向利害關係者展開迅速且適當的溝通活動。

Cross-selling
即交叉銷售。一種行銷手法，向已購買或想要購買某商品的顧客推薦其他商品。推薦的商品，大多為關聯性高或一起購買有折扣的商品。

Cross Media
即交叉媒體，指同時運用、組合各種媒體。在廣告領域，這種做法的主要目的是促進消費者展開行動。

KGI
Key Goal Indicator的縮寫，即關鍵目標指標，以定量指標表示組織或專案應達成的目標。KGI並非抽象的理念或目的，而是明確定義「哪個指標在什麼時候達到何種水準就算達成目標」。通常當作測量每日進展的指標，並且常跟KPI一起使用。

KPI
Key Performance Indicator的縮寫，即「關鍵績效指標」或「重要績效指標」。指為達成KGI，必須達成的各項目標數值。

換算廣告價值
一種測量手法，將媒體的文字報導或影像報導置換成廣告，換算購買相同篇幅或播放時間的廣告時所需的媒體費用（定價）。

Corporate Governance
即公司治理。具體來說就是設置外部董事、外部監察人，加強資訊公開與監察功能，或引進執行董事制度，將決策與執行分離開來之類的機制。

Corporate Reputation
即企業聲譽，指企業的風評、評價。企業聲譽對經營也有很大的影響，因此企業必須因應多樣化、複雜化的溝通環境，採取可獲得良好評價的策略。

Consensus
即共識、一致的意見、合意。企業、組織或政府，為了自己的損益或為了推動政策，有時必須取得目標層或廣大社會的理解與共識。這種時候，必須以透明的手法，向對立方闡明自己的主張，透過對話與討論來取得共識。

Contact Center
即客戶聯絡中心。企業裡負責提供客戶服務的單位。早期的溝通聯絡方式以電話為主，因此稱為電話客服中心（Call Center）。進入網路時代後，顧客也會透過電子郵件或即時通訊軟體等各種方式尋求幫助，所以近來改稱為客戶聯絡中心。

Context
即文章脈絡、背景、情境。讓訊息或故事更容易傳播出去的附加資訊。

Content
即用來表現訊息或故事的要素、內容，亦指提供給媒體的影片、資料、文章等等。

Conversion
即轉換。在網路廣告領域，是指廣告或企業網站的瀏覽者採取企業期望的行動，例如註冊為會員、索取資料或購買商品。帶有「從單純的訪客，轉換成會員或（潛在）顧客」之意涵。

Compliance
即守法。這個詞常被解釋為遵守法律，其實它也有以企業市民之立場遵守企業倫理的意思，是與利害關係者建立良好關係所不可或缺的基本觀念。

Sustainability
即永續性。企業若想永續發展，就必須依據明確的企業願景，為社會、環境、經濟這3個方面設想，取得利害關係者的支持。

CRM
Customer Relationship Management的縮寫，即顧客關係管理。主要是指運用資訊系統，記錄、管理顧客的屬性與接觸歷程，並配合每位顧客提供適切且詳盡的服務，藉此建立長期且良好的關係，提升顧客滿意度之活動。另外也指建立良好顧客關係所用的資訊系統。

CSR
Corporate Social Responsibility的縮寫，即企業應盡的社會責任。基本概念為企業明確定義自己的社會責任，然後向社會發布訊息，並實踐社會責任，如此便能提高競爭力，使自己得以永續發展。意思跟永續性及廣義的公司治理一樣，有助於企業跟利害關係者建立更長遠的信賴關係。

CSV
Creating Shared Value的縮寫，即創造共享價值。此為一種經營概念，企業的目標應該是透過企業活動解決社會問題，同時也獲得持續成長所需的經營資源，創造出社會與企業可以共享的價值。

CCO
Chief Communication Officer的縮寫，即傳播長。指企業裡掌管傳播與溝通的總負責人。

CtoC
Consumer to Consumer的縮寫，又寫作C2C。指一般消費者在網路上向其他消費者買賣物品或服務之行為。

形成社會共識
指獲得廣大群眾的贊同，或社會大眾的想法一致。

Scoop
原意是「用鏟子挖出來」，這裡為獨家報導之意，指報紙、電視、雜誌等報導機構，搶先競爭對手一步，獨家刊登、播報重大新聞，亦指該篇報導。

Stakeholder
即利害關係者。一般指股東、債權者、員工、廠商、顧客、負責監督的行政機關等有直接關係者，某些事業則會擴大範圍，將地區居民或國民為對象。進行企業活動時，取得這些利害關係者的共識是很重要的，而且重要性與日俱增，此為公關活動的一大主題。

Statement
即聲明。提供給媒體的資料之一，一般是指在記者會上宣讀的資料，優點是可在記者採訪時提供統一的資訊或統一的見解、可彙整並有條理地說明企業或組織想傳達的事項、可主動說明資料或事實關係等等。

Stealth Marketing
即祕密行銷。「Stealth」是偷偷摸摸的意思，這裡是指利用偽裝的方式推廣，不讓消費者察覺這是廣告或自己的真實身分。又稱為「隱性行銷」。

Story
即故事、情節、梗概。指企業或組織想進行溝通時，用來向目標說明內容的、簡單易懂的概要。

Spokesperson
即發言人。指向報導機構適當發表已知資訊的公關人員，一般由公關經理或公關董事擔任，在發生緊急情況時上場。

群眾洞見
針對群眾的行動、態度，以及背後的意識結構等等，進行各種調查所得到的洞見。

預設問答集
預先假設接受採訪或召開記者會時，記者有可能提出的問題，事先準備好回答內容。重點是要盡量假設尖銳、不易回答的問題，而且回答者要事先記住

預設問答集的內容。

Social Media
即社群媒體。一種運用網路的雙向媒體，任何人都可輕鬆發布資訊，互相交流溝通。在歐美又稱為「Shared media（共享媒體）」。具代表性的例子有部落格、Facebook與Twitter這類社群網站、YouTube與niconico動畫這類影音分享網站、LINE之類的通訊軟體。社群媒體的特徵是，透過各種機制增進使用者之間的關聯，以及可透過視覺方式掌握彼此的關係。

Social Graph
即社交圖譜，指網路上人與人的相關關係，以及之間的關聯或連結。

Social Risk
即社群風險。指利害關係者在社群媒體上發布的資訊，引發資訊洩漏、風評被害、名譽受損、反社會行為或犯罪行為曝光等種種狀況，導致企業喪失信用、中止交易、企業價值下滑等等，對企業造成致命打擊的風險。

Social Listening
即社媒聆聽。蒐集社群媒體上，民眾平常談論的內容、自然的行動等資料，將之運用在掌握業界動向、預測趨勢，與了解及改善自家公司、品牌、商品的評價或風評。

Target
即目標、訴求對象。例如「想把商品或服務賣給他」的消費者、潛在顧客，以及影響這些客層的周邊社群或是整個社會，設定目標時要依照目的個別設定。

Direct Marketing
即直效行銷。一種行銷方法，企業與顧客進行個別且直接的雙向溝通，觀察對方的反應，同時配合對方的需求或喜好，展開以客為本的宣傳推廣活動。此為資料庫行銷（Database Marketing）、網路行銷、CRM（顧客關係管理）、一對一行銷（One on One Marketing）等，這些今日依然頗受重視的行銷手法之基礎。

Channel
即管道，指流通網絡或溝通手段等各種途徑。在行銷領域是指接觸顧客的途徑。

Disclosure
即資訊揭露、資訊公開。指企業或組織向利害關係者公開，有關經營活動或財務內容的資訊。一般是指基於證券交易法，以保護投資者為目的的資訊揭露制度。

定性調查
指運用無法化為數值的文章、圖像或音訊等形式的資訊，進行調查與分析的方法。

定性資料
又稱為定性資訊。指無法化為數值的文章、圖像或音訊等形式的資料，例如顧客的意見。

定量調查
指利用選擇題形式的問卷調查等方式取得資料，再轉換成數值進行分析的手法。由於是以經過數值化的資訊為基礎，較能輕易掌握整體的結構或傾向。

Data Journalism
即資料新聞學。此為一種嶄新的報導形式，先分析資料，從中發掘新的新聞，再透過數位媒體之類的媒體傳播出去。其特徵是，即便是龐大的數據或難以解讀的資料，只要運用數位視覺化手法以資訊圖表來表現，就能讓讀者更容易理解。

Data Driven
即資料驅動或資料導向。指依據調查取得的資料，展開下一項行動。

Data Mining
即資料探勘。指運用統計或決策樹（Decision Tree）之類的方法，從資料庫累積的大量資料中，找出行銷所需的傾向或模式隱藏的規則性、關聯性或假設的手法。

Text Mining
即文字探勘。運用自然語言解析手法，將大量的非結構化文章拆解成單字或句子，然後分析這些字句的出現頻率與相關關係，從中找出有用的資訊。

Desk
即主編。指報社或雜誌社裡負責指揮採訪、編輯以及收稿的人。一般由各部門的副長或次長級人員擔任。負責的工作為向第一線的記者下指示、將蒐集到的數則新聞製成一篇報導、進行企劃與編輯。

Demographics
即人口統計變項，指呈現人口統計特徵的資訊或資料。例如：性別、年齡、未婚已婚、家庭成員、家庭收入、個人收入、職業……等等。

內部告發
指當公司內部正在規劃或已執行的事情，會損害社會或顧客的利益時，內部人員主動向媒體提供這項消息之行為。最近不少企業醜聞都是因內部告發而曝光，企業應具備守法與公司治理之觀念。

新聞App
將新聞發送至智慧型手機這類裝置上的應用程式總稱。只要使用一種應用程式，就能在智慧裝置上瀏覽各報社與出版社發布的新聞。有些新聞App是透過搜尋引擎機器人等方式蒐集新聞報導，有些則是自行設置編輯部製作報導。

News Release

即新聞稿。為了通知媒體有關企業活動（例如高層人事異動、公司合併、創立新事業、開發或發售新商品）的新聞題材，重點整理活動內容所寫成的文件。新聞稿的內容，原則上為尚未發表的資訊，因此發布時必須正確定出發表日期與時間，同時向所有媒體公開資訊。新聞稿有一定的規則，例如必須包含的內容、必須遵照的格式等等。

Newsletter

即新聞信。一種資訊發布工具，以讀物形式定期介紹有主題性的資訊，目的是與媒體及有識之士進行良好的溝通。發布型態有月刊、雙月刊、季刊等種類。

Native Ad

即原生廣告。一種付費媒體，在使用者平常所用的媒體或服務中，以自然融入其中的設計或功能呈現出來的廣告。

Viral Media

即病毒式媒體。指提供能引起許多人的興趣、多數人會想介紹給別人的話題（題材）之媒體，主要的集客途徑是透過Twitter或Facebook等社群媒體擴散資訊。提供的內容十分多元，從討論時事話題的文字報導到爆笑影片一應俱全。

Buzz Marketing

即話題行銷或口碑行銷，是一種運用口碑的行銷手法。Buzz原意是蜜蜂等昆蟲的振翅聲，後轉指同得沸沸揚揚的傳聞或茶餘飯後的話題。在個人可輕易透過網路發布資訊的現在，這個詞大多是指口碑在部落格或社群媒體上傳開，透過這種網絡傳遞資訊的行銷手法。又稱為病毒式行銷（Viral Marketing）。

Hashtag

即主題標籤。指Twitter或Instagram等社群媒體上，由＃符號與半形英文或數字組成的字串。只要發布的訊息中加上了「＃○○」，所有添加相同標籤的訊息就會一併出現在搜尋頁面上，方便使用者查看參加相同活動的人，或有相同經驗、相同興趣的人所發表的各種意見。

Publicity

即公共報導。企業或團體，將經營策略或商品、服務之類的資訊提供給報導機構（媒體），當成新聞刊登或播報。

公共報導調查

指為了獲得公共報導而進行的調查。有別於以「掌握消費者需求」為主要目的的行銷調查，公共報導調查必須反向思考「如何變成話題」。

Public Affairs

即公共事務。根據PRSA（美國PR協會）的定義，此為公共關係的專業領域之一，指跟政府或地區社群建立並維持互利關係的活動。這個名詞有時也會用在政府的PR活動上。

巴塞隆納原則

AMEC（International Association for Measurement and Evaluation of Communication：國際傳播測量與評估協會）與美國IPR（Institute for Public Relations：公共關係研究院），在2010年6月舉辦「第2屆成效測量歐洲高峰會」時，AMEC所提倡的PR成效測量7大原則。2015年修訂為「巴塞隆納原則2.0」。

（1）目標設定與效果測量是傳播與PR的基礎。

（2）建議測量傳播的「結果」，而不是僅測量「產出」。

（3）對組織績效的影響是可測量的，而且應該盡可能測量。

（4）測量與評估應使用定性方法與定量方法。

（5）廣告等值不等於傳播的價值。

（6）社群媒體可以且應該與其他媒體管道一同測量。

（7）測量與評估應該是透明的、一致的、有效的。

PR雜誌

企業為向社會或地區居民廣泛宣傳自己的理念或企業活動而發行的媒體。除了單方面發布企業資訊的類型外，最近也很常見到以具社會價值或文化價值的主題，製作成一系列的一般書籍。

PDCA

管理業務程序的手法之一，透過反覆進行計畫（Plan）→執行（Do）→查核（Check）→改善（Act）這4個階段的活動持續改善程序。

BtoC

Business to Consumer／Customer的縮寫，又寫作B2C。指企業與個人（消費者）之間的商業交易，或企業對個人的事業。以消費者業務為主體的企業稱為BtoC企業。

BtoB

Business to Business的縮寫，又寫作B2B。指企業之間的商業交易，或企業對企業的事業。以企業業務為主體的企業稱為BtoB企業。

BtoBtoC

Business to Business to Consumer的縮寫，又寫作B2B2C。指支援、促進其他企業的消費者業務之事業，或向其他企業採購商品再販售給消費者的事業。雖然這類交易或事業是在企業之間進行，但整體來說，這就像是客戶企業的消費者業務其中一部分，或是站在企業與消費者中間仲介、媒合交易的事業。

Big Data

即大數據，指無法用普通軟體分析的龐大資料。「3V」是大數據的著名定義之一，即量（Volume）、發生頻率（Velocity）、多樣性（Variety）。

Fact Book

即概況報告書。以企業擁有的技術、商品或服務的特性、開發背景、開發者資料等客觀事實（Fact）整理而成的資料。有別於新聞稿，內容大多是彙整現有資訊或深入資訊，因此沒必要向所有媒體公開，通常都是發送給有可能感興趣的媒體，或當作個別宣傳的資料運用。又稱為「報導用基礎資料」。

Feasibility

即可行性。實施PR策略時，除了要追求點子的獨創性，最好也要事前調查及考量規定、法令、社會禁忌等等，評估專案的可行性。

風評被害

指因為傳出毫無根據的負面評價，而受到經濟乃至名譽的損害。社會上的傳聞或謠言，以及媒體誤認事實的報導或臆測、誹謗中傷等報導，對企業而言都是很大的風險。在日本的資本市場上這類負評稱為「風說」，金融商品交易法明文禁止散播風說之行為，也就是禁止散布會影響投資者判斷的假消息。

Photo Session

即媒體拍照時間。拍攝對象為媒體感興趣的人物（例如發表時的主要簡報者，或擔任來賓的藝人）。目的是吸引參加活動的媒體相關人士關注，以獲得在文字報導或影像報導中曝光的機會，提高公共報導的成效。拍照地點大多選在有企業或商品標誌的背板前面。

Follower

即跟隨者。指在Twitter之類的社群網站裡，使用可輕鬆掌握特定使用者更新狀況的功能，追蹤對方活動的人。

Brand Journalism

即品牌新聞。指品牌（＝企業）自行採訪、編輯報導或故事，透過自己的網站或社群媒體直接發送給群眾，換言之就是品牌以新聞觀點及新聞手法散播資訊。

Brand Management

即品牌管理。一種經營手法，讓品牌具備企業理念、哲學、願景等經營要素，培養並確立品牌，以便展開主體性的市場策略。由於企業活動全球化造成競爭越演越烈，再加上企業的治理能力更加受到重視，「建構強大品牌」的重要性也與日俱增。品牌權益（Brand Equity，將品牌價值化為數值）之概念，對企業價值及股價有很大的影響力。

Briefing

即簡報，指企業向媒體進行的狀況說明。跟Lecture（說明）是同義詞。

Brainstorming

即腦力激盪。一種激發創造力的技法，幾個人組成一組，針對一個主題互相提出意見，透過這種方式產生許多點子，繼而解決問題。

Press Kit

即新聞資料袋。指裝有新聞稿、相關資料、照片等等的資料夾，或指這一份資料。舉辦記者發表會時大多會準備這種東西。

Press Preview

即媒體預覽會。在舉辦具話題性的活動或展示會、公共設施或大型建築竣工、主題公園或博物館開幕等時候，於正式開放前先讓媒體參觀，報導相關事實。又稱為媒體預展。

Propaganda

即宣傳。利用特定思想影響個人或集團，將對方的行動導向特定方向的宣傳活動總稱。

PESO

統合媒體溝通的架構。P是Paid media，即「付費」媒體（例如廣告或金錢贊助）；E是Earned media，即「免費」媒體（例如新聞媒體的公共報導）；S是Shared media，即「共享」媒體（例如社群媒體或部落格）；O是Owned media，即「自有」媒體（例如公司網站、品牌的社群媒體帳號、公關雜誌、店鋪或博物館設施）。

Persona

即人物誌。指對企業提供的產品或服務而言，最重要且具象徵性的使用者形象。除了設定姓名、年齡、性別、居住地、職業、工作地點、年收入、家庭成員等定量資料外，還要設定這個人的成長過程與目前的狀態、身體特徵、個性特徵、人生目標、生活型態、價值觀、興趣嗜好、消費行為、資訊蒐集行為等定性資料，創造出彷彿實際存在的人物形象。

編輯權

指為達成報紙的公共目的（決定編輯方針，確保報導的真實性，維持評論的公平性，適當且正確地公布）所需的一切管理功能。不光是報紙，這個原理也擴及其他媒體。在日本的電視與廣播領域，則大多使用「編成權」這個詞。

報導（狀況）分析

擬定公關活動策略所需的基礎資料之一，即定量、定性分析報導內容，釐清自家公司的公關課題，比較自家公司與其他同業的曝光情形、掌握報導內容的傾向、判斷報導論調、按照商品名稱抽出資料等等。

Position Paper

即立場聲明書。指當自家公司與利害關係者或其他公司，對於某個問題有不同見解或意見對立而爭論時，簡明扼要地記述事情的原委與事實，並且彙整因應程序、見解與主張，讓第三者能夠了解的文件。

潛在顧客

指有可能購買某項產品的人（法人）。在這層意義上，潛在顧客可說是把目標客層化為具體的人物或法人。

Message

即訊息。指企業或組織要溝通時，想告訴目標的內容。

媒體洞見

分析媒體對某主題的報導論調或訪談內容所得的洞見。

Media Impression

即媒體曝光次數，測量廣告或PR成效時所用的指標。此為推定的接觸資訊者總數，由發行量、推定的觀眾數、PV數、跟隨者人數、發文次數與分享次數等數字合計而成。

Media Caravan

即媒體巡訪。企業的PR負責人於某段期間密集拜訪數個媒體，向記者或編輯進行簡報，介紹新商品或新服務，或者提供相關資訊。

Media Training

即媒體訓練。指為了讓經營層或公關人員掌握媒體的狀況，順利應付訪問所實施的講習與訓練。

Media Hearing（Media Audit）

即媒體訪談（媒體審查），指企業對主跑記者等報導機構進行的定性調查。目的是問出媒體對企業形象或公關活動的評價與印象，從中找出課題，以幫助企業檢討公關活動或擬定經營策略。

Media Pitch

即向媒體宣傳，指提供資訊給媒體，以獲得公共報導的活動。最好能夠配合各媒體的特性提供資訊。

Media Relations

即媒體關係。指跟媒體打好關係，促進雙方互相理解，期待獲得善意報導的活動。打好關係的方法五花八門，例如維護平時的人際關係、召開記者發表會、參加懇談會、發布新聞稿、發送PR雜誌、舉辦工廠觀摩等等。

Monitoring & Clipping

Monitoring即媒體監測，指蒐集實際刊登的報導與播出的節目，觀察發布的資訊被哪個媒體報導、如何報導。此為報導狀況分析的重要材料。Clipping即剪報，是指蒐集報章雜誌的報導。

Reach

即觸及數。在網路廣告領域，這是指有幾個人看過某個廣告。在PR領域，有時會當成「媒體曝光次數」的同義詞來使用。

Risk Management

即風險管理。預先假設發生環境變化、事故、災害等情況，針對各種情況擬定因應措施。

Reputation Management

即聲譽管理。指為提升企業或組織的評價所進行的溝通活動，或此溝通活動的管理。

Relevancy

即關聯性、相關性、適切性。在PR策略上，規劃內容與資訊流通途徑，讓資訊能以具相容性的形式傳達給目標，並使目標改變態度是很重要的。

Lobbying

即遊說活動。說服議會或政府的相關人士，接受企業或團體的意見或要求。此活動在政府關係中發揮了重要的作用。

Wire Service

即通訊社，以報導相關人士、投資者、入口網站為對象，提供發送企業或團體揭露的資訊（例如新聞稿）之服務。有些通訊社不只在國內提供服務，也會向國外媒體或國外證券市場的財務資訊揭露系統提供資訊。

Index | 索引

205

根本 陽平 Yohei Nemoto（左）

電通公關股份有限公司
資深 PR 規劃師
企業宣傳策略研究所　主任研究員
線上影片專業團隊「鬼 Movie」成員

自始至終都在PR這一行打拚的PRSJ認證PR
規劃師，10多年來在現場同時從事實務、研
究、分析、方法開發等工作。徹底運用「PR
思維」，進行宣傳到商品開發、企業活動的
整體規劃。目前以Public Relations為主題，
在各企業與成蹊大學、立教大學、社會情報
大學院大學等地方授課。也是宣傳會議「線
上影片規劃實踐講座」（2016年、2017
年、2018年）講師。合著作品有《自治體
PR策略》（暫譯，時事通信社／2016年12
月）、《魅力品牌建構的戰略思考》（暫
譯，日經BP社／2018年1月）。曾登上朝日
新聞的人物版，目前已獲得Global SABRE
Awards（「全球50大PR專案」）、PRWeek
Awards Asia（連續4年）、WOMMY
AWARD、IPRA、日本PR獎、GOOD
DESIGN AWARD等獎項。

伊澤 佑美 Yumi Izawa（右）

電通公關股份有限公司
資深顧問
企業宣傳策略研究所　主任研究員

1981年出生於神奈川縣，在茅崎長大。上智
大學文學院英文系畢業。2003年進入電通公
關公司，從事以媒體關係為主的PR規劃，之
後在自家公司媒體做了6年的總編輯，現在也
以作家及編輯的身分活動，還在外部媒體上
連載、投稿。目前以Public Relations為主
題，在日本PR協會、各企業、大學與地方單
位等授課。合著作品有《自治體PR策略》
（時事通信社／2016年12月）。

デジタル時代の基礎知識『PR思考』人やメディアが「伝えたくなる」新しいルール
【ISBN 978-4-7981-5568-5】
© 2018 Yumi Izawa, Yohei Nemoto
Originally published in Japan in 2017 by SHOEISHA.Co., Ltd.
Chinese translation rights arranged through TOHAN CORPORATION,
TOKYO.

數位時代的公關新主張
讓群眾口耳相傳、媒體主動報導的 PR 教戰手冊

2019年2月1日初版第一刷發行

作　　者	伊澤佑美、根本陽平	
譯　　者	王美娟	
編　　輯	陳映潔、魏紫庭	
發 行 人	齋木祥行	
發 行 所	台灣東販股份有限公司	

　　　　　　＜地址＞台北市南京東路4段130號2F-1
　　　　　　＜電話＞(02)2577-8878
　　　　　　＜傳真＞(02)2577-8896
　　　　　　＜網址＞http://www.tohan.com.tw
郵 撥 帳 號　1405049-4
法 律 顧 問　蕭雄淋律師
總 經 銷　聯合發行股份有限公司
　　　　　　＜電話＞(02)2917-8022

TOHAN

國家圖書館出版品預行編目資料

數位時代的公關新主張：讓群眾口耳相傳、
媒體主動報導的PR教戰手冊/伊澤佑美、
根本陽平著; 王美娟譯. -- 初版. --臺北市:
臺灣東販, 2019.02
208面; 14.7×21公分
譯自:デジタル時代の基礎知識『PR思考』
ISBN 978-986-475-914-9 (平裝)

1.公共關係
541.84　　　　　　　　　　　107023320